EL PA

DI🌹S

Amor

CON USTED

PARA SU FAMILIA

EL PACTO DE DIOS CON USTED

PARA SU FAMILIA

JOHN ECKHARDT

CASA
CREACIÓN

La mayoría de los productos de CASA CREACIÓN están disponibles en descuentos especiales para compras a mayoreo para promociones de ventas, premios, recaudación de fondos y necesidades educativas. Para más detalles, escriba a Casa Creación, 600 Rinehart Road, Lake Mary, Florida 32746 o comuníquese al teléfono (407) 333-0600.

EL PACTO DE DIOS CON USTED PARA SU FAMILIA por John Eckhardt
Publicado por Casa Creación
Charisma Media/Charisma House Book Group
600 Rinehart Road
Lake Mary, Florida 32746
www.casacreacion.com

Las citas marcadas como «NTV» han sido tomadas de la Santa
Biblia, Nueva Traducción Viviente, © Tyndale House Foundation,
2010. Usado con permiso de Tyndale House Publishers, Inc.,
351 Executive Dr., Carol Stream, IL 60188, Estados Unidos de
América. Todos los derechos reservados.

Originally published in the U.S.A. under the title: *God's
Covenant With You for Your Family;*
Published by Charisma House, A Charisma Media Company,
Lake Mary, FL, 32746 USA
Copyright © 2013 John Eckhardt
All rights reserved

Copyright © 2013 por Casa Creación
Todos los derechos reservados.

Diseño de portada: Justin Evans
Director de arte: Bill Johnson
Traducción: pica6.com (con la colaboración de Salvador Eguiarte
D.G.)

Visite la página web del autor: www.johneckhardtministries.com

Library of Congress Control Number: 2013936924
ISBN: 978-1-62136-129-9
E-ISBN: 978-1-62136-140-4

Aunque el autor ha hecho todos los esfuerzos posibles para brindar
los números telefónicos y las direcciones de la Internet correctos
en el momento de la publicación, ni la editorial ni el autor
asumen responsabilidad alguna por los errores o cambios que
sucedan después de la publicación.

Primera edición

13 14 15 16 17 — 987654321
Impreso en los Estados Unidos de América

CONTENIDO

1
DIOS BENDICE A LAS FAMILIAS A TRAVÉS DE SU PACTO

[El pacto es] probablemente el concepto menos entendido, y al mismo tiempo el más importante de toda la Biblia [...] y es al mismo tiempo el corazón y el fundamento de la relación de la humanidad con Dios.

—J. E. LEONARD[1]

L A BIBLIA ES un libro de pacto que revela a un Dios de pacto. La lealtad y la fidelidad de Dios al pacto es uno de los temas más importantes de la Escritura. Del Antiguo al Nuevo Testamento vemos a Dios llevando a cabo lo estipulado en su pacto a favor de su pueblo. Dios no puede romper el pacto. Dios es fiel y leal a su pueblo.

Podemos confiar y depender del pacto de Dios porque Él está comprometido con sus promesas. Cuando se hace un pacto, la persona que entra en él jura por alguien mayor que sí mismo. Esto era así porque si el pacto se rompía alguna vez esa persona sería juzgada y tendría que rendirle cuentas a esa otra persona mayor que él. Cuando Dios primero estableció su pacto con el hombre no pudo jurar por ninguno mayor, así que juró por sí mismo.

> Porque cuando Dios hizo la promesa a Abraham, no pudiendo jurar por otro mayor, juró por sí mismo.
>
> —HEBREOS 6:13

Dios es el mayor de todos. No hay nadie mayor que Él. Esto significa que por completo podemos confiar en, contar con y depender de, nuestro pacto con Dios. Dios no puede mentir; permanecerá siendo fiel a su Palabra.

Un pacto bíblico es un acuerdo, generalmente entre Dios y el hombre. Las estipulaciones de tal acuerdo demandan lealtad absoluta como se indicó en el primer mandamiento: "No tendrás dioses ajenos delante de mí" (Éxodo 20:3; Deuteronomio 5:7).

Pacto (berit/berith/beriyth) significa "tratado, convenio, acuerdo entre dos partes (usado por primera vez en el pacto de Dios con Noé [Génesis 6:18; 9:9-17]). Como se hablará más adelante *beriyth* describe un convenio realizado a través de pasar entre dos pedazos de carne. El pacto es un acuerdo solemne y vinculante entre dos partes e implica una variedad de responsabilidades, beneficios y sanciones dependiendo del pacto específico que se esté estudiando".[2]

Dios entra en pacto con los hombres. Esta es una verdad que de veras nos baja los humos y nos alecciona. El hecho de que el gran Dios entrara en una relación con los hombres a través de un pacto es maravilloso. Los propósitos de Dios siempre se realizan a través de un pacto. El pacto de Dios con Abraham fue establecido con el propósito de traer salvación y bendición a las naciones. El pacto de Dios con Israel también fue para este propósito: para traer al Mesías al mundo. Quiero explicar esto más y lo haré en el capítulo 3 cuando hablemos de la salvación de las familias. En este momento descubramos las verdades del nuevo pacto en el que estamos caminando ahora como creyentes.

El nuevo pacto es un
pacto de paz y prosperidad

Y si la casa fuere digna, vuestra paz vendrá sobre ella; mas
si no fuere digna, vuestra paz se volverá a vosotros.

—Mateo 10:13

El nuevo pacto es un pacto de paz (*shalom*). Cristo es nuestra paz. Cuando la salvación llega a una familia, la paz de Dios (shalom) también viene.

A menudo asociamos la palabra *shalom* con *paz*, pero la paz por la que Cristo fue a la guerra en la cruz es un tipo de paz completa, integral. Según la *Concordancia Completa de Strong de la Biblia*, *shalom* es "plenitud, solidez, bienestar y paz". Representa plenitud en número así como seguridad y solidez en nuestro cuerpo físico. *Shalom* también cubre las relaciones con Dios y con la gente. *Shalom* cubre todo lo que le concierne a usted y a su familia.

Los pensamientos de Dios con respecto a usted y la paz y prosperidad de su familia son mucho más altos de lo que se pueda imaginar. Es su deseo bendecirlo y prosperarlo, darle su gracia, favor y protección. *Favor* significa "gracia"; "aquello que proporciona gozo, placer, deleite, dulzura, encanto, hermosura"; y "buena voluntad, beneficio, liberalidad, recompensa". Si busca las definiciones hebreas y griegas de *prosperidad*, muchas de estas palabras también incluyen "favor" en su significado.

El favor es buena voluntad. Esta es la benignidad y la benevolencia de Dios dada a los que lo aman. El favor liberará grandes bendiciones, incluyendo prosperidad, salud, oportunidad y avance. La Biblia registra numerosos ejemplos del favor de Dios sobre su pueblo que los llevó a experimentar muchas victorias. El favor es la benevolencia de Dios. Quiero que capte la revelación completa de todo lo que el pacto divino de paz puede significar para usted y su familia.

La paz de Dios (shalom)—favor, gracia, bondad, bendición, benignidad, gozo, prosperidad, salud, oportunidad y avance—puede venir sobre su casa. Dios desea traer la plenitud de su shalom a su casa. Muchas casas están llenas de contienda y confusión. El alcoholismo, la drogadicción, la contienda, la división, la depresión, la tristeza, el enojo, el divorcio, la separación y la amargura moran en muchos hogares, pero este no es el plan de Dios. Esto se opone a las características del Reino de Dios, que son justicia, *paz* y gozo en el Espíritu Santo (Romanos 14:17).

Una de las descripciones de nuestro pacto es "un pacto de *shalom*". *Shalom* describe los beneficios y la bendición de este pacto. En Isaías 54 Dios le promete a su pueblo un pacto de paz (shalom): "Porque los montes se moverán, y los collados temblarán, pero no se apartará de ti mi misericordia, ni el pacto de mi paz se quebrantará, dijo JEHOVÁ, el que tiene misericordia de ti" (v. 10). Pero Israel jamás caminó en ese pacto de paz consistentemente porque continuaban violándolo. El mayor periodo de shalom sucedió bajo el rey Salomón cuyo nombre de hecho significa: paz. Él fue el rey más próspero de Israel. Durante un periodo de cuarenta años Israel vivió bajo esa promesa de shalom. Pero entonces Salomón se casó con otras esposas y tomó parte en la idolatría, y hubo una brecha o una escisión en el pacto que Dios había establecido.

La paz y shalom provienen de Dios. Solamente Él puede darla y quitarla. También tenemos la opción de ser bendecidos por caminar en pacto con Él o de desactivarlo por no caminar en pacto con Él.

> Que formo la luz y creo las tinieblas, que hago la paz y creo la adversidad. Yo Jehová soy el que hago todo esto.
> —ISAÍAS 45:7

Si usted abandona a Dios y rompe su pacto, Dios retirará su shalom, y permitirá el desastre. El enemigo vendrá a su tierra y lo destruirá a usted. La espada vendrá a la tierra, y la prosperidad será destruida. Vemos que esto es verdad con base en la experiencia de los israelitas a lo largo del libro de Jueces. Pero Dios enviará advertencias y corrección. Comenzó a enviar profetas o "mensajeros de su pacto" a un pueblo de pacto para advertirles sobre su violación del pacto y darles la oportunidad de arrepentirse antes de que la ira divina del pacto cayera sobre ellos. Los profetas dijeron en repetidas ocasiones que no hay paz para los malos (Isaías 48:22, 57:21).

Si un profeta le dice que usted tendrá una vida de paz y usted está violando la Palabra de Dios—su pacto—el profeta está mintiendo, porqué usted no experimentará paz o prosperidad si no está viviendo en pacto con Dios. Cuando alguien es malo e inicuo, no está en paz. No se deje engañar.

EL ÚNICO CAMINO A LA VERDADERA PAZ

Dios le prometió a Israel que si guardaba sus mandamientos les daría esa shalom. Pero no escucharon. No obstante, Dios tenía un plan que restauraría a Israel, si ellos querían. Y su plan se extendería a toda la humanidad.

En Jeremías 31:31-34 Dios le dijo a la gente que no podría experimentar su paz bajo el antiguo pacto porque ellos seguían rompiéndolo. Estaba aludiendo al hecho de que solamente podrían experimentar la verdadera paz de Dios a través de Mesías. El Mesías vendría a hacer un nuevo pacto. Vino predicando las buenas noticias del Reino.

La única manera en que puede experimentar la verdadera shalom de Dios es a través de su Hijo; el "Príncipe de Paz" (Isaías 9:6). Jesús vino predicando el "evangelio de la paz" (Romanos 10:15; Efesios 6:15); o el evangelio de la shalom, el evangelio del Reino. Así que tenemos que arrepentirnos y recibir el evangelio de la paz.

Usted está bajo un nuevo pacto cuando acepta el sacrificio de Cristo por usted y sujeta su vida bajo la autoridad de Dios. Pero cuando rechaza a Cristo y su sacrificio, usted rechaza su nuevo pacto y la misma shalom que está buscando; así como los hijos de Israel lo rechazaron cuando vino. En Lucas 19:41-42 Jesús lloró sobre Jerusalén porque sabía que si lo rechazaban no experimentarían shalom sino que más bien experimentarían la espada. El sabía que el enemigo construiría una trinchera a su alrededor y los asediaría por todos lados y que no dejaría piedra sobre piedra. Lo que venía era guerra, hambre, pobreza, pestilencia y muerte.

Cuando usted rechaza a Jesús, usted rechaza su única esperanza de paz y prosperidad.

DIOS ESTABLECIÓ UN PACTO
PARA PODER BENDECIRLO

Usted debe comprender lo mucho que Dios quiere bendecir a su pueblo con paz. Él es el Dios de paz. Él es Jehová Shalom. Él es el Señor de nuestra prosperidad, pero Israel no pudo ver lo que estaba justo frente a sus ojos y se lo perdieron. Así que ahora esta bendición le pertenece a la iglesia del nuevo pacto. Heredamos la promesa de shalom—prosperidad, favor, paz, salud y seguridad—porque somos los que hemos entrado en un nuevo pacto con Dios a través de la sangre de Jesús. Lo que Israel no pudo recibir en lo natural lo recibimos en el espíritu. ¡Ahora le pertenece a usted y a su familia!

Pacto significa "fidelidad". El esposo y la esposa tienen que ser fieles entre sí. El divorcio entra a escena porque el pacto ha sido roto. Mantenga una relación de pacto con Dios. Hay una ventaja inmensa en hacer esto: la bendición viene con el pacto. Dios no bendice a la gente así como así. Estar en pacto con Dios es un contrato o una promesa de su paz, seguridad, favor, protección, salud y prosperidad. Y Dios no rompe sus promesas ni se retracta de su palabra (Números 23:19; Isaías 55:11).

El pacto con Dios es una bendición mutua. Dios obtiene un pueblo, y nosotros obtenemos a Dios (Levítico 26:12). No obstante, cuando Dios no obtiene al pueblo, no hay necesidad para un pacto. No podemos ser de Dios si no caminamos conforme a su pacto. El no puede reclamarnos y poner su nombre sobre nosotros. Podemos orar por paz todo el año, pero sin Jesús, quien es el Príncipe de Paz, la shalom jamás vendrá.

> A todos los que estáis en Roma, amados de Dios, llamados
> a ser santos: Gracia y paz a vosotros, de Dios nuestro
> Padre y del Señor Jesucristo.
>
> —ROMANOS 1:7

Note a quién le es dada la paz. Esta paz no es para un pueblo físico, sino a los "llamados a ser santos". Los santos poseen el Reino de Dios. ¿Es usted uno de los santos? Esto va más allá de ser salvo. Los santos son los santificados. No significa que sea perfecto o que no cometa errores. Significa que su estilo de vida es santo. Usted no *vive* un estilo de vida pecaminoso. En el Nuevo Testamento los santos caminaban en un nuevo nivel de santidad. No eran mentirosos, borrachos ni frecuentaban prostitutas. No maltrataban a la gente. Si usted no es un santo no es salvo. El versículo dice: "A todos los [...] llamados a ser santos: Gracia [*charis*, favor] y paz...". Si usted es uno de los santos, la prosperidad le pertenece, no por alguna cosa que hubiera hecho o no, sino por lo que hizo Jesús por todos nosotros en el Calvario. Ese es el pacto de sangre.

Shalom es la palabra hebrea que se suele traducir como "paz" que significa prosperidad, armonía (desde dentro y desde fuera), plenitud, solidez, salud, bienestar, seguridad, tranquilidad, saciedad, reposo, ausencia de agitación o discordia, estado de calma sin ansiedad o estrés.

LA PAZ ES LA MARCA DIST

Dios nos ha dado su pacto de Shalom

> Porque los montes se moverán, y
> pero no se apartará de ti mi mise
> mi paz se quebrantará, dijo Jeho
> cordia de ti.

El Nuevo Pacto es un pacto de shalom (paz). Shalom es la marca distintiva del Reino. Una marca distintiva es una característica o rasgo evidente. Esta debería ser una característica de los que viven en el Reino. Considere estos versículos que hablan acerca de la venida del Reino.

> Y juzgará entre las naciones, y reprenderá a muchos pueblos; y volverán sus espadas en rejas de arado, y sus lanzas en hoces; no alzará espada nación contra nación, ni se adiestrarán más para la guerra.
>
> —Isaías 2:4

Paz (shalom) es el resultado de la llegada del Reino. Volverán sus espadas en rejas de arado, y sus lanzas en hoces. En lugar de adiestrarse para la guerra, los hombres caminan en paz. No es la voluntad de Dios que su familia sea destruida por contienda, división, amargura y odio. La paz de Dios puede gobernar en su familia.

> Porque un niño nos es nacido, hijo nos es dado, y el principado sobre su hombro; y se llamará su nombre Admirable, Consejero, Dios Fuerte, Padre Eterno, Príncipe de Paz [shalom]. Lo dilatado de su imperio y la paz [shalom] no tendrán límite, sobre el trono de David y sobre su reino, disponiéndolo y confirmándolo en juicio y en justicia desde ahora y para siempre. El celo de Jehová de los ejércitos hará esto.
>
> —Isaías 9:6-7

El gobierno de Dios incrementa de generación en generación. puede incluirlo a usted, su familia y sus descendientes. El son las buenas noticias de paz (shalom). El evangelio trae ios a una familia.

> ¡Cuán hermosos son sobre los montes los pies del que trae
> alegres nuevas, del que anuncia la paz, del que trae nuevas
> del bien, del que publica salvación, del que dice a Sion:
> ¡Tu Dios reina!
>
> —Isaías 52:7

Cuando el evangelio (las buenas noticias) de Jesús es recibido por un creyente, la puerta se abre a que el evangelio entre a la familia de la persona. Creo que esta es una manera poderosa en el que el Reino incrementa y se expande. Dios ha designado que la unidad familiar sea el lugar en el que el evangelio se pueda difundir y su Reino incrementar.

LO QUE EL PACTO CON DIOS LE TRAE A LAS FAMILIAS DEL REINO

Cada creyente necesita una revelación de la fidelidad del pacto y la misericordia de Dios. Cada creyente necesita una revelación de los beneficios del pacto. Una revelación del pacto llevará su relación con Dios a niveles completamente nuevos. Usted comenzará a ver la fidelidad, la lealtad y el compromiso de Dios con su pueblo. Usted confiará en el Señor con un nuevo sentido de comprensión. Cuando tiene una revelación del pacto, todo el contexto de la Biblia cambia para usted. Las cosas que parecían fragmentadas o sin relación entre sí tendrán nueva continuidad e importancia. Usted verá todo a través del contexto del pacto; desde (las sombras y símbolos de) el Antiguo Testamento al (plenitud y realidad del) Nuevo Testamento.

Los creyentes con una revelación clara del pacto tienen la confianza de entender lo que les pertenece legítimamente. Sus oraciones, súplicas y peticiones serán presentadas con fe y sin duda porque entienden su acuerdo con el Señor. Entienden que su sanidad y liberación no se basan en lo que hacen o no hacen; se basan en el pacto, en la misericordia divina de pacto. Entienden que Dios está vinculado con ellos y que ha entrado en un pacto con ellos a través de Jesucristo.

Cuando se levanta en oración por sanidad, bendición y favor por su familia, usted tendrá un nuevo nivel de autoridad y fe porque entiende el pacto. Usted verá su compromiso con Dios y el compromiso de Dios con usted. Comprenderá que es su amor de pacto el que lo carga con los beneficios de su pacto.

> Bendito el Señor; cada día nos colma de beneficios el Dios de nuestra salvación.
>
> —Salmos 68:19

> Bendice, alma mía, a Jehová, y no olvides ninguno de sus beneficios.
>
> —Salmos 103:2

> ¿Qué pagaré a Jehová por todos sus beneficios para conmigo?
>
> —Salmos 116:2

Bendecir significa "invocar favor divino sobre alguien, dotar de felicidad, prosperidad o cosas buenas de todo tipo; hacer santo un pronunciamiento; consagrar, glorificar por los beneficios recibidos, ensalzar por su excelencia".[3] Del mismo modo, la bendición es "una oración por un deseo solemne implorando felicidad sobre el otro; una bendición; el acto de pronunciar una bendición; lo que promueve prosperidad y bienestar".[4] Luego en hebreo, "bendecir" es la palabra *barak*, que significa "arrodillarse, por implicación: bendecir a Dios como un acto de adoración, alabar, saludar, agradecer [...] una postura de reverencia".[5] Y nuevamente la palabra *bendición* en hebreo es *berakah*, que es una "bendición (un acto de pronunciar una bendición)".[6]

El Señor, a través de su pacto, quiere derramar su bendición y beneficios en su familia. Estas son algunas de las maneras en las que Él lo hará:

- El pacto de paz significa que sus hijos serán enseñados por el Señor. Reclame esto para sus hijos y sus descendientes (Isaías 54:13).

- Sus familiares que estén lejos experimentarán la paz de Dios. La paz de Dios vendrá a las naciones. Las familias de la tierra experimentarán la paz de Dios (Isaías 57:19).

- La paz de Dios fluirá hacia su familia como un río. Las presencia de Dios (su santuario) se manifestará en su familia. La presencia de Dios trae paz. Dios nos multiplica. La multiplicación es un símbolo de la bendición de Dios (Ezequiel 37:26).

- Cristo es nuestra paz (shalom). El nuevo pacto está basado en la obra terminada de Cristo. Cuando la salvación (Cristo) entra en una familia, la bendición de paz (shalom) viene (Efesios 2:14).

- El Señor prosperará a su familia. Se deleita en nuestra prosperidad. En otras palabras, Dios *quiere* que su familia (sus siervos) prospere (Salmos 35:27; 122:7; 147:14).

Como lo mencioné brevemente, la palabra *shalom* también se traduce como "prosperidad". Dios prospera a las familias. Nuestro pacto nos da el derecho de disfrutar la paz y la prosperidad del Reino. No se conforme con nada menos que con shalom. Este es su derecho de pacto. Reclámelo y camine en él hoy. No hay fin al incremento de paz (shalom) de generación en generación. Las salvaciones familiares traerán un incremento al Reino y la paz de Dios.

- El pacto divino de paz trae sanidad y restauración de las familias (Isaías 57:19).

- El pacto de Dios no solamente le traerá paz sino abundancia de paz a su familia (Salmos 37:11).

- El pacto de Dios va a causar que su familia florezca (Salmos 72:7).

- El pacto de Dios traerá alegría, paz y canción a su familia (Isaías 55:12).

- El pacto de Dios soltará su misericordia en su familia (Deuteronomio 7:9; Nehemías 1:5; 9:32; Salmos 25:10; 89:24, 28; 106:45).

- El pacto de Dios soltará su fidelidad, lealtad y firmeza en su familia (Deuteronomio 7:9; Salmos 118:1, 5-6; 1 Corintios 1:9).

Dios es el Dios fiel. La fidelidad es una marca de pacto. Dios siempre es fiel a su pueblo y sus promesas.

Dios siempre fue fiel a las familias de Israel a pesar de la infidelidad de este pueblo. Dios guardó su pacto con Abraham y trajo su simiente (Jesús) para bendecir a las naciones. Dios fue fiel a Israel y les envío a Jesús primero a ellos para bendecirlos. Dios fue fiel a la casa de David he hizo que el hijo de David se sentara en su trono. El Señor permanecerá para siempre con sus familias de pacto.

La palabra *firme* significa: "firmemente fijado en su sitio, inamovible, no sujeto al cambio". La palabra *perdura* (NVI) significa: "continuar en el mismo estado, dura, para permanecer firme bajo sufrimiento o adversidad sin rendirse". La palabra *siempre* significa: "por un tiempo ilimitado, en todo tiempo, continuamente". Por lo tanto, el significado de cada una de estas palabras clave nos habla del poderoso, firme, confiable, tenaz, interminable amor de Dios.

LOS NOMBRES DE PACTO DE DIOS

Israel disfrutó los beneficios de Dios a lo largo de su historia gracias al pacto. Dios se revela a través de sus nombres de pacto.

Hay ocho nombres de pacto por los cuales Dios se reveló a sí mismo y su propósito para Israel. Estos nombres abarcan los beneficios que Dios puso a disposición de Israel a través de su pacto. Quien sabía esos nombres y clamaba a Dios con base en los nombres que representaban tenía la promesa de Dios de que se comportaría con él en el modo exigido por cada uno de sus títulos. Su familia puede comenzar a incorporar estos nombres cuando clame al Señor en oración.

Estos son los nombres en el orden de la relación histórica entre Dios e Israel:

1. Yahweh-Jireh, el Señor nuestro Proveedor (Génesis 22:8, 14)

2. Yahweh-Rapha, el Señor nuestro Sanador (Éxodo 15:26)

3. Yahweh-Nissi, el Señor nuestro Estandarte (Éxodo 17:15)

4. Yahweh-Qadesh, el Señor nuestro Santificador (Levítico 20:8; Ezequiel 20:12)

5. Yahweh-Shalom, el Señor nuestra Paz (Jueces 6:24)

6. Yahweh-Raah, el Señor nuestro Pastor (Salmos 23:1)

7. Yahweh-Tsidkenu, el Señor nuestra Justicia (Jeremías 23:6)

8. Yahweh-Shammah, el Señor Siempre Presente (Ezequiel 48:35)

Todos estos nombres son cumplidos en Jesús. Jesús es nuestro sanador, proveedor, estandarte, santificador, paz, pastor, justicia y el que está siempre presente. En otras palabras toda la plenitud de Dios se manifiesta a través del nombre de Jesús.

Jesús es nuestro pacto

La salvación a través de Jesús puede echar fuera demonios de nuestras familias. A medida que los individuos de la familia aceptan a Cristo, la liberación viene a la familia y las fortalezas son rotas. Las maldiciones generacionales se rompen y los espíritus generacionales son echados fuera.

Cristo es nuestra paz (shalom).

> Porque él es nuestra paz, que de ambos pueblos hizo uno, derribando la pared intermedia de separación.
> —Efesios 2:14

Cristo es Jehovah-Shalom:

> Y edificó allí Gedeón altar a Jehová, y lo llamó Jehová-salom; el cual permanece hasta hoy en Ofra de los abiezeritas.
> —Jueces 6:24

Cristo viene para echar fuera las fieras (demonios) de nuestra vida.

> Y estableceré con ellos pacto de paz, y quitaré de la tierra las fieras; y habitarán en el desierto con seguridad, y dormirán en los bosques.
> —Ezequiel 34:25

Gracias a Jesús hemos sido injertados espiritualmente en el linaje de Abraham y podemos reclamar cada promesa de pacto en la Biblia para nuestras familias. A medida que vaya leyendo este libro, voy a dirigirlo en declaraciones de los diferentes beneficios de estar en pacto con Dios. Reclame cada uno con fuerza y autoridad, sabiendo que en fe cada una de las promesas de Dios para usted y su familia son sí y amén (2 Corintios 1:20). Jesús vino para que a través de Él usted y su simiente tengan acceso a las bendiciones de Abraham. Así que no hay duda de que estas son para usted y su familia. Si está en Cristo, usted está en pacto con Dios. Usted es el heredero de las bendiciones de pacto de Abraham. Es sumamente importante que usted y su familia reciba la revelación del pacto. Comencemos ahora declarando la bendiciones de pacto de Dios sobre su familia.

DECLARE LAS BENDICIONES
DIVINAS DE PACTO SOBRE SU FAMILIA

Mi familia no perecerá (Números 4:18).

Mi familia vivirá y no morirá cuando nos acerquemos a las cosas más sagradas (Números 4:19, NVI).

Mi familia compartirá la heredad de la tribu de Judá (Josué 15:20).

Mi familia, como las familias de Isacar, está llena de hombres valientes en extremo (1 Crónicas 7:5).

El Señor estará con mi familia (Génesis 31:3).

Que la herencia del Señor venga sobre mi familia como vino sobre las tribus de Israel (Josué 13; 19).

El Señor multiplicará en gran manera las casas de los padres de mi familia (1 Crónicas 4:38).

Mi familia le dará la gloria y el poder al Señor (1 Crónicas 16:28).

El Señor a los pobres de mi familia los levanta de la miseria, y hace multiplicar sus familias como rebaños de ovejas (Salmos 107:41).

Mi familia oye la palabra del Señor (Jeremías 2:4).

El Señor tomará a mi familia en la noche y lavará sus heridas y serán bautizados (Hechos 16:33).

Mi familia es bendecida (Génesis 12:3).

El Señor bendecirá a los que bendicen a mi familia y maldecirá a los que maldigan a mi familia (Génesis 12:3).

Mi familia servirá en el tabernáculo de Dios (Números 4).

Mi familia se multiplicará e incrementará como la tribu de Judá (1 Crónicas 4:27).

El arca de la presencia del Señor está con mi familia (1 Crónicas 13:14).

Las bendiciones del Señor están sobre las casas de mi familia (1 Crónicas 13:14).

Mi familia adorará delante del Señor (Salmos 22:27).

Los desamparados de mi familia serán traídos de vuelta. Los cautivos serán sacados a prosperidad (Salmos 68:6).

El Señor será por Dios a mi familia y nosotros le seremos por pueblo (Jeremías 24:7).

Mi familia no será seducida con los hechizos de las rameras y maestras en hechizos en el nombre de Jesús (Nahum 3:4).

Mi familia son los hijos de los profetas y del pacto de Dios que hizo con Abraham (Hechos 3:25).

La simiente de mi familia será bendita (Hechos 3:25).

Somos una familia de sumos sacerdotes (Hechos 4:6).

La palabra de esta salvación ha sido enviada a mi familia (Hechos 13:26).

El Señor enviará ángeles para acompañar a mi familia (Génesis 24:40).

El Señor prosperará el camino de mi familia (Génesis 24:40).

Los descendientes de mi familia serán como el polvo de la tierra [en número] y seremos bendecidos (Génesis 28:14).

El Señor hará bien a mi familia (Génesis 32:9).

El Señor sacará a mi familia de la esclavitud en Egipto (Éxodo 6:13).

Mi familia fortalece el Reino, porque andan en el camino de David y de Salomón (2 Crónicas 11:17).

El Señor establecerá mi familia en su trono, a la entrada de Jerusalén y de las ciudades de Judá (Jeremías 1:15, NVI).

El Señor es el esposo de mi familia y nos introducirá en Sion (Jeremías 3:14).

Mi familia nunca será como las demás familias de la tierra, que sirven al palo y a la piedra (Ezequiel 20:32).

Que no haya entre mi familia alguno cuyo corazón se aparte hoy del Señor nuestro Dios (Deuteronomio 29:18).

Que no haya en mi familia raíz que produzca hiel y ajenjo (Deuteronomio 29:18).

2

DIOS VISITA FAMILIAS

Bendito el Señor Dios de Israel,
que ha visitado y redimido a su pueblo.

—LUCAS 1:68

DIOS PUEDE VISITAR a individuos, y Dios puede visitar familias. Las visitación de Dios trae grandes bendiciones y favor. Como pueblo del pacto de Dios, podemos orar y esperar que Dios visite a los miembros de nuestra familia. La palabra *visitado* es la palabra griega *episkeptomai*. Significa: "poner la mirada en algo con el fin de ayudar o beneficiar, procurar, tener cuidado de, proveer: de Dios".[1] *Visitar* también significa "ir y quedarse con (una persona o familia) o en (un lugar) durante un tiempo breve por razones de socialización, cortesía, negocios, curiosidad".[2] Qué privilegio que el Dios del universo nos visite. Hay muchas familias y comunidades que necesitan una visitación.

Cuando Dios visita a su pueblo, lo hace en una manera especial con un propósito específico en mente. La visitación del Señor trae un tiempo de refrigerio. Israel no conoció el tiempo de su visitación (Lucas 19:44). Una visitación del Señor es un tiempo señalado; un tiempo específico que Dios ha designado para venir a su pueblo y ayudarlo y refrescarlo. Hechos 3:19 dice: "Así que, arrepentíos y convertíos, para que sean borrados vuestros pecados; para que vengan de la presencia del Señor tiempos de refrigerio". La palabra traducida como "tiempos" en este versículo es *kairos*. Significa "tiempo señalado, un tiempo oportuno, una sazón", no solamente el tiempo cronológico que marca el reloj o el calendario. Este era un tiempo para que Dios convergiera con su pueblo.

18

Esta no es una visita que podamos conjurar, invocar o provocar. La visitación de Dios es el resultado del pacto. No depende de lo que hagamos o no hagamos; depende de que estemos en pacto con Dios. Debemos pedir y creer que Dios visitará a los miembros de nuestra familia. Él lo hará en el tiempo señalado.

Hay varias razones por las que Dios viene a visitar a su pueblo:

- Para sacarlos del cautiverio.

- Para traer liberación.

- Para traer salvación (Salmos 106:4).

- Para ejecutar juicio (Jeremías 15:15).

- Para impartir nueva vida (1 Samuel 2:21).

- Para refrescarnos en el Espíritu Santo (Salmos 65:9; Isaías 59:21).

- Para manifestar su pacto.

Dios le prometió a Abraham que visitaría a sus descendientes y que los sacaría de la esclavitud. El libro de Éxodo es el cumplimiento de esa promesa. Dios visitó a Israel a causa del pacto.

La visitación de Dios trajo liberación a Israel. La visitación trajo señales y maravillas. La visitación significó que Dios envió a Moisés como libertador. Su visitación significó juicio sobre Faraón y los egipcios.

José creía en la visitación de Dios. Entendía el pacto que Dios había hecho con sus padres: "Y José dijo a sus hermanos: Yo voy a morir; mas Dios ciertamente os visitará, y os hará subir de esta tierra a la tierra que juró a Abraham, a Isaac y a Jacob" (Génesis 50:24). Esto nuevamente revela el poder del pacto. Nuestro Dios es un Dios que guarda el pacto, y podemos creer en sus promesas.

José sabía que Israel saldría de Egipto. Sabía que el Señor sacaría a su pueblo de la esclavitud y dio instrucciones con respecto a sus huesos y su muerte (Hebreos 11:22). José tuvo fe en las promesas divinas de pacto.

Moisés fue enviado a Egipto a anunciar la visitación de Dios. El Señor le dijo: "Ve, y reúne a los ancianos de Israel, y diles: JEHOVÁ, el Dios de vuestros padres, el Dios de Abraham, de Isaac y de Jacob, me apareció diciendo: En verdad os he visitado, y he visto lo que se os hace en Egipto" (Éxodo 3:16).

Dios estaba visitando a Israel en Egipto para sacarlos de la esclavitud. Esta visitación generaría grandes señales y maravillas que serían ejecutadas a través de Moisés. Israel experimentó la intervención sobrenatural de Dios. Dios recordó su pacto con Abraham y le prometió a Abraham que sacaría a Israel del cautiverio.

Quizá haya miembros de su familia que estén en cautiverio. La intervención sobrenatural de Dios puede ocurrir en su vida a través de su visitación. No importa el mucho tiempo que hubieran estado en cautiverio, Dios puede sacarlos. No hay nada imposible con Dios.

Los hebreos creyeron la palabra de Moisés y adoraron.

> Y el pueblo creyó; y oyendo que Jehová había visitado a los hijos de Israel, y que había visto su aflicción, se inclinaron y adoraron.
>
> —ÉXODO 4:31

Habían esperado por más de cuatrocientos años esta visitación. Este es el poder eterno del pacto. Sus enemigos se convirtieron en los enemigos de Dios. Dios hará lo mismo por su familia. No importa cuánto tiempo se tome, su pacto se establecerá en las familias del pueblo de su pacto.

J. I. Packer ha dicho que una visitación de Dios es un avivamiento.

> Una visitación de Dios [...] trae a la vida a los cristianos que han estado dormidos y restaura un profundo sentido de la cercana presencia de Dios y su santidad. Por lo que

surge un vívido sentir de pecado y un profundo ejercicio del corazón en arrepentimiento, alabanza y amor, con un fluir de evangelización.

Cada movimiento de avivamiento tiene sus propias características distintivas, pero el patrón es el mismo cada vez.

Primero viene Dios [...] el avivamiento siempre comienza con una restauración del sentir de cercanía con el Santo.

Segundo, se ama el evangelio como nunca antes. El sentir de la cercanía de Dios genera una conciencia abrumadora de los pecados y la pecaminosidad propios, de modo que el poder de la sangre limpiadora de Cristo es grandemente apreciado.

Entonces el arrepentimiento se profundiza. ¡En el avivamiento Ulster en la década de 1920 los trabajadores de los astilleros devolvieron tantos artículos robados que se tuvieron que construir nuevos cobertizos para albergar las propiedades recuperadas! El arrepentimiento da como resultado restitución.

Finalmente, el Espíritu trabaja rápido: se multiplica la piedad y la rectitud, los cristianos maduran, llegan convertidos. Pablo estuvo en Tesalónica menos de tres semanas, pero Dios trabajó rápidamente y Pablo dejó tras de sí una iglesia vigorosa.[3]

Deberíamos tener hambre de que nuestras familias sean visitadas por Dios. Debería ser nuestro deseo que nuestras familias experimenten la cercanía de Dios, la proximidad de su presencia. Esto es importante para la vida y la salud y la fuerza del pueblo de Dios. El crecimiento del Reino también es un beneficio clave de una visitación de Dios.

LA VISITACIÓN DE CRISTO

La llegada de Cristo fue una visitación. Él visitó a Israel para redimirlos y bendecirlos. Lucas 1:68-79 registra la Palabra del Señor que vino a Israel con la llegada de Cristo. Estos son los beneficios de la visitación de Cristo:

- Redención
- Salvación
- Salvación de los enemigos
- Misericordia
- Memoria del pacto santo
- Servir al Señor sin temor
- Perdón del pecado
- Luz
- Encaminar
- Paz

Jesús vino a redimir a Israel de su pecado y de su enemigo: Satanás. Su redención se extendió a la simiente natural y espiritual de Abraham.

Los Evangelios registran los resultados de la visitación de Dios. Los enfermos fueron sanados. Los cautivos fueron liberados. Los muertos fueron resucitados. Los ojos de los ciegos fueron abiertos. Los oídos de los sordos fueron destapados. Los cojos anduvieron. Los demonios fueron echados fuera. Los oprimidos fueron liberados. Se soltó grandemente el poder y la autoridad de Dios a favor de su pueblo. Jesús se convirtió en la manifestación del pacto.

> Por la entrañable misericordia de nuestro Dios, con que nos visitó desde lo alto la aurora.
>
> —LUCAS 1:78

La visitación de Dios es su entrañable misericordia. La misericordia de Dios se manifestó hacia a Israel, y su misericordia se puede manifestar hacia su familia porque ahora usted ha sido injertado en su Nuevo Pacto a través de su Hijo Jesucristo. La misericordia es parte del pacto. La misericordia del pacto es una fuerza poderosa que trae sanidad y liberación.

La visitación de Dios causa que la aurora se levante en nuestra vida. La aurora trae luz en medio de las tinieblas. La luz de Dios puede brillar en su familia. Esos miembros de su familia que están en tinieblas verán la luz.

DURANTE LA VISITACIÓN SUCEDEN MILAGROS

Usted puede creer que Dios visitará a su familia con milagros. Los miembros de la familia pueden tener encuentros con el poder y la autoridad del cielo. Si busca en su Biblia y se enfoca en las historias de los que caminaron con Dios, los milagros los seguían por todas partes. Desde Moisés y Aarón, pasando por Elías y Eliseo, Gedeón y Josué, hasta Jesús y los apóstoles, la evidencia y la visitación de Dios se manifestaron a través de ellos con milagros, señales y maravillas. En Lucas 7:15-17 encontramos ejemplo de esto:

> Entonces se incorporó el que había muerto, y comenzó a hablar. Y lo dio a su madre. Y todos tuvieron miedo, y glorificaban a Dios, diciendo: Un gran profeta se ha levantado entre nosotros; y: Dios ha visitado a su pueblo. Y se extendió la fama de él por toda Judea, y por toda la región de alrededor.

El muchacho muerto fue resucitado provocando que la gente glorificara a Dios. El rumor de Cristo se extendió por toda la región. La visitación de Dios hace que el mensaje de Cristo se extienda. La salvación de las familias hará que el mensaje de Cristo se difunda a lo largo de las comunidades. Muchos reciben milagros como resultado de la visitación. Esto también puede suceder en su casa.

Según Salmos 8:4 Dios tiene memoria de usted, y tiene memoria de su familia y de sus seres queridos. Dios nos visita porque nos tiene presentes. Esto hizo que el salmista se maravillara. ¿Por qué Dios tendría memoria del hombre? ¿Por qué Dios se tomaría el tiempo de visitarnos?

Dios siempre tiene memoria del pueblo de su pacto. Dios siempre tiene memoria de las promesas de su pacto. Dios visita a su pueblo con milagros para bendecirlos, para darles vida abundante, para hacer que su gloria brille en la Tierra, y para demostrar su gran amor hacia nosotros.

Pídale a Dios que visite su vida y la riegue. Pídale a Dios que visite y riegue a su familia.

> Visitas la tierra, y la riegas; en gran manera la enriqueces; con el río de Dios, lleno de aguas, preparas el grano de ellos, cuando así la dispones. Haces que se empapen sus surcos, haces descender sus canales; la ablandas con lluvias, bendices sus renuevos.
>
> —SALMOS 65:9-10

Dios enriquecerá a su familia con su río. El río de Dios trae provisión, sanidad, liberación, gozo y bendición. El río de Dios trae vida. Pídale a Dios que visite y refresque a su familia.

LA VISITACIÓN DE DIOS TRAE SALVACIÓN

> Acuérdate de mí, oh Jehová, según tu benevolencia para con tu pueblo; visítame con tu salvación.
>
> —SALMOS 106:4

Quizá haya miembros de su familia que necesitan una visitación que traiga salvación. El favor de Dios es una parte del pacto. Dios puede favorecer a nuestras familias con salvación.

No permita que su familia sea como el pueblo de Jerusalén. Que no conoció el tiempo de su visitación.

> Porque vendrán días sobre ti, cuando tus enemigos te rodearán con vallado, y te sitiarán, y por todas partes te estrecharán, y te derribarán a tierra, y a tus hijos dentro de ti, y no dejarán en ti piedra sobre piedra, por cuanto no conociste el tiempo de tu visitación.
>
> —Lucas 19:43-44

Este es uno de los versículos más tristes de la Escritura. Jesús lloró sobre la ciudad porque no conocieron el tiempo de bendición y salvación. Desde entonces usted puede ver ahora la devastación de haber perdido esta cita con Dios. La salvación significa mucho para un pueblo. No conocer la visitación de la salvación es la destrucción completa. Como Israel rechazó la visitación de salvación, Dios comenzó a visitar a los gentiles después de que visitó a Israel.

> Simón ha contado cómo Dios visitó por primera vez a los gentiles, para tomar de ellos pueblo para su nombre.
>
> —Hechos 15:14

Note que Dios visitó al pueblo de su pacto primero, y luego vistió a los gentiles. El libro de los Hechos registra esta visitación. La visitación comenzó en casa de Cornelio. En otras palabras, Dios visitó una familia con salvación. Vamos a explorar la salvación de toda una casa más a profundidad en el siguiente capítulo.

Ore porque su familia y los miembros de su familia conozcan el tiempo de su visitación. Declare que conocerán el tiempo señalado de la visitación del Señor y que tendrán el corazón preparado para recibirlo. La visitación es un tiempo importante que no se debe dejar pasar inadvertido. Los que no conocen el tiempo de su visitación se pierden de su temporada de oportunidad y bendición.

Declare la visitación del Señor sobre su familia

El Señor visitará a mi familia y hará por nosotros como ha hablado (Génesis 21:1).

El Señor visitará las casas de mi familia cada mañana (Job 7:18).

El Señor tiene memoria de mi familia y nos visita (Salmos 8:4).

El Señor ha visitado y redimido a mi familia (Lucas 1:68).

Por su entrañable misericordia, la aurora desde lo alto ha visitado a mi familia (Lucas 1:78).

El Señor se acordará de mi familia con benevolencia y nos visitará con su salvación (Salmos 106:4).

El Señor ha visitado a mi familia y nos ha tomado como un pueblo para su nombre (Hechos 15:14).

Dios ciertamente visitará a mi familia (Génesis 50:25).

El Señor ha visitado a mi familia y ha visto nuestra aflicción (Éxodo 4:31).

El Señor ha visitado a mi familia para darnos pan (Rut 1:6).

El Señor ha probado el corazón de mi familia. Nos ha visitado de noche. Nos ha puesto a prueba y no ha hallado nada inicuo. Hemos resulto que nuestras bocas no transgredan (Salmos 17:3).

El Señor ha visitado a mi familia, y como la tierra, nos ha regado, nos ha enriquecido en gran manera, y ha preparado nuestro grano (Salmos 65:9).

El Señor mirará desde el cielo y considerará. Visitará la viña de mi familia (Salmos 80:14).

El Señor ciertamente visitará a mi familia y nos llevará a la tierra que juró a Abraham, Isaac y Jacob (Génesis 50:24).

Que el Señor visite a las mujeres estériles en mi familia que puedan concebir y dar a luz hijos (1 Samuel 2:21).

El Señor se acordará de mi familia. Nos visitará y nos vengará de nuestros enemigos (Jeremías 15:15).

El Señor visitará a mi familia y despertará su buena palabra sobre nosotros (Jeremías 29:10).

El Señor visitará a mi familia, su rebaño, y nos pondrá como su caballo de honor en la guerra (Zacarías 10:3).

Dios ha visitado a mi familia con sus profetas (Lucas 7:16).

Que mi familia conozca el tiempo de la visitación del Señor (Lucas 19:44).

El Señor ha visitado a mi familia y ha visto lo que nos ha sido hecho en Egipto (Éxodo 3:16).

El Señor visitará a mi familia y moraremos confiadamente (Ezequiel 38:8).

3

UN CORDERO POR CASA

Hablad a toda la congregación de Israel, diciendo: En el diez de este mes tómese cada uno un cordero según las familias de los padres, un cordero por familia.

—ÉXODO 12:3

OMO LO MENCIONÉ antes, Dios obra a través de las familias para extender su Reino. Las familias son su diseño. La familias representan lo que hay en su corazón por las relaciones. Dios no está solamente interesado en individuos; también está interesado en hacer su pacto con familias, así como lo hizo con Abraham y su familia. Por eso es que lo hizo de manera que el creyente en una unidad familiar pudiera ser la puerta por la que entrara la salvación.

Esto se puede ver primero en el Antiguo Testamento. Cuando el ángel de la muerte estaba en camino de matar al primogénito de cada casa en Egipto, el Señor instruyó que una persona de cada familia tomara un cordero y pusiera su sangre sobre los postes para que su familia no viera la muerte. Los mismo es verdad en el Espíritu. Ahora bien, usted como creyente del pacto—uno que ha sido cubierto con la sangre del Cordero de Dios—puede ser aquel a través del cual la salvación sea traída a su familia. A través de usted, toda su casa puede ser protegida de la destrucción.

> Y Moisés convocó a todos los ancianos de Israel, y les dijo: Sacad y tomaos corderos por vuestras familias, y sacrificad la pascua.
>
> —ÉXODO 12:21

El pacto de Dios comienza con uno
y se extiende a la descendencia

En aquel día hizo Jehová un pacto con Abram, diciendo:
A tu descendencia daré esta tierra, desde el río de Egipto
hasta el río grande, el río Eufrates.

—Éxodo 15:18

Y pondré mi pacto entre mí y ti, y te multiplicaré en gran
manera.

—Génesis 17:2

Y oyó Dios el gemido de ellos, y se acordó de su pacto con
Abraham, Isaac y Jacob.

—Éxodo 2:24

Dios respondió al gemido de Israel a causa de su pacto con
Abraham. La liberación de la familia de Abraham vino gracias al
pacto. Dios también responde las oraciones por su familia gracias
a su pacto con usted.

Porque Dios misericordioso es Jehová tu Dios; no te dejará, ni te destruirá, ni se olvidará del pacto que les juró
a tus padres.

—Deuteronomio 4:31

Y este será mi pacto con ellos, dijo Jehová: El Espíritu
mío que está sobre ti, y mis palabras que puse en tu boca,
no faltarán de tu boca, ni de la boca de tus hijos, ni de
la boca de los hijos de tus hijos, dijo Jehová, desde ahora
y para siempre.

—Isaías 59:21

> Porque yo Jehová soy amante del derecho, aborrecedor del
> latrocinio para holocausto; por tanto, afirmaré en verdad
> su obra, y haré con ellos pacto perpetuo.
>
> —Isaías 61:8

El pacto de Dios con Abraham traería bendición a su familias y a las familias de la Tierra. A Abraham se le ordenó que circuncidara a su descendencia con el fin de hacerlos partícipes del pacto. Dios finalmente entró en otro pacto con la descendencia de Abraham en el Sinaí. El pacto del Sinaí incluía bendiciones y maldiciones.

> Bendeciré a los que te bendijeren, y a los que te maldi-
> jeren maldeciré; y serán benditas en ti todas las familias
> de la tierra.
>
> —Génesis 12:3

> Será tu descendencia como el polvo de la tierra, y te exten-
> derás al occidente, al oriente, al norte y al sur; y todas las
> familias de la tierra serán benditas en ti y en tu simiente.
>
> —Génesis 28:14

> El hombre que tiene amigos ha de mostrarse amigo; y
> amigo hay más unido que un hermano.
>
> —Proverbios 18:24

La bendición de Dios sobre una familia a través del pacto se puede ver mediante la vida de Abraham. Abraham fue llamado amigo de Dios. Dios entró en un pacto de sangre con Abraham y su simiente. Por eso es que la circuncisión, la señal del pacto, incluía el derramamiento de sangre. Abraham era el amigo de pacto de Dios.

Los dos que participan en cortar el pacto son llamados "cabezas de pacto". El pacto sigue en efecto hasta que ambas cabeza del pacto mueran. Si una cabeza del pacto muere, la otra extenderá los beneficios y bendiciones del pacto a la familia de la cabeza del pacto fallecida.

En esencia un pacto de sangre no solamente une a las dos cabezas del pacto, sino que también une a las familias. Esta información se debe tener firmemente en mente a medida que exploremos la realidad de nuestra redención en el nuevo pacto en la sangre de Cristo.

A la conclusión de la ceremonia, las dos cabezas del pacto son llamados "amigos". La palabra *amigo* es un término de pacto que ha perdido su significado por completo en nuestro idioma actual. La palabra *amigo* tal y como se utiliza en Proverbios 18:24 (citada anteriormente) significa "amigo del pacto" o "hermano de sangre". Implicaba la unión de dos personas en un pacto de sangre.

La amistad de pacto es una amistad sagrada entre dos personas que da como resultado un juramento de lealtad y confianza plena de ambas partes. Traicionar un pacto traía la pena de muerte. Los amigos de pacto se comprometen a protegerse entre sí y a sus familias. Los enemigos de su amigo se convierten en sus enemigos.

La amistad de Dios con Abraham significaba que el bendeciría a los descendientes de Abraham. La simiente de Abraham (su familia) se volvería la beneficiaria de la misericordia, favor y compasión de Dios.

> Mas Jehová tuvo misericordia de ellos, y se compadeció de ellos y los miró, a causa de su pacto con Abraham, Isaac y Jacob; y no quiso destruirlos ni echarlos de delante de su presencia hasta hoy.
> —2 REYES 13:23

La gracia y la compasión de Dios sobre Israel fue un resultado del pacto de Dios con Abraham. Esto muestra el poder de un pacto, y el poder de la amistad de pacto.

Dios jamás olvidó sus promesas a Abraham. Su pacto con Abraham requería que cumpliera con esas promesas.

Porque se acordó de su santa palabra dada a Abraham su
siervo.

—Salmos 105:42

Dios se refirió al pueblo de su pacto como la simiente de Abraham. Eran la familia de Abraham.

Oh simiente de Abraham, Su siervo, hijos de Jacob, Sus
escogidos.

—Salmos 105:6 (NBLH)

El pueblo de Dios siempre podría hacer referencia al pacto que
Dios hizo con Abraham. Lo vemos en Salmos 105:9 "Del pacto que
hizo con Abraham, y de Su juramento a Isaac" (NBLH). Fue el fundamento de sus bendiciones y su redención.

A través de Jesús, nosotros (y nuestras familias) somos la simiente de Abraham

Libro de la genealogía de Jesucristo, hijo de David, hijo
de Abraham.

—Mateo 1:1

Jesús es el hijo de Abraham. Jesús es la verdadera simiente de Abraham. Fue para Abraham y su simiente (Cristo) que se hicieron las
promesas. Usted puede ver que las promesas de salvación y de redención tienen su fundamento en el pacto con Abraham.

Abraham sería el padre de muchas naciones. Las simiente de
Abraham no solamente sería la simiente física, sino aquellos que tu-
vieran la fe de Abraham. Ahora somos la simiente de Abraham por
la fe en Jesucristo.

La simiente de Abraham entró en pacto con Dios en el Sinaí.
Ahora entramos en el pacto a través de la fe en Cristo. Ahora somos
circuncidados en el corazón. La bendición de Abraham ahora viene
sobre todas las familias de la Tierra a través de la fe en Jesucristo.

ABRA LAS PUERTAS A LA SALVACIÓN EN SU FAMILIA

> Orando también al mismo tiempo por nosotros, para que
> el Señor nos abra puerta para la palabra, a fin de dar a co-
> nocer el misterio de Cristo, por el cual también estoy preso.
> —COLOSENSES 4:3

Las puertas son puntos de entrada que dan acceso. El acceso de Dios a una familia puede provenir a través de una persona. Cada persona está conectada con alguien más, y cada uno tiene cierta influencia en la vida de otro. Las familias consisten en fuertes relaciones inter-personales que Dios usa para conectar a la gente con el evangelio y la salvación.

A lo largo del Nuevo Testamento la palabras *salvar, salvo* y *salvación* tienen su raíz en la palabra griega *sozo*, que significa salvar, rescatar, liberar, proteger. *Sozo* también se traduce en el Nuevo Testamento con las palabras sanar, preservar, salvar, hacer bien y restaurar por completo. La palabra griega *soteria* (que tiene su origen en *sozo*) es la palabra que principalmente se traduce como "salvación". *Soteria* también se traduce como liberar, salud, salvación, salvar y salvando.

Sozo, que es utilizada ciento diez veces en el Nuevo Testamento, es originalmente una palabra griega que significa: "salvar, recuperar o sanar". Según la Concordancia de Strong *sozo* también significa: "salvar, liberar, sanar, preservar". Los escritores del Nuevo Testamento mostraron todo el significado de la palabra *sozo* al usarla en contextos diferentes para referirse a cada aspecto de la salvación.

1. Salvar, mantener sano y salvo, ser rescatado del peligro o de destrucción (de ser lesionado o de riesgo).

2. Salvar al que sufre (de perecer), p. ej.: uno que sufre de una enfermedad; hacer que otro se recupere, sanar, restaurar la salud.

3. Preservar a alguien que se encuentra en peligro o destrucción, salvar o rescatar.

4. Salvar en el sentido técnico bíblico.

5. Liberar de las sanciones del juicio mesiánico.

6. Salvar de los males que obstruyen la recepción de la liberación mesiánica.

Un creyente de pacto puede abrir las puertas de la salvación a su familia al caminar con Dios de la manera en que Abraham lo hizo. Un creyente de pacto puede caminar en obediencia y fe. Un creyente de pacto puede interceder a favor de su familia y esperar que Dios sane y libere. Dios escucha las oraciones del justo. Es amigo del fiel. Toda la medida de la salvación es extendida a su familia gracias al pacto.

Ejemplos bíblicos de salvación viniendo a toda una casa

La Biblia tiene muchos ejemplos de la venida de la salvación a toda una casa. El primer ejemplo que veremos es la casa de Cornelio. Dios escogió a Cornelio y a su casa para empezar su obra de salvación entre los gentiles.

> Al otro día entraron en Cesarea. Y Cornelio los estaba esperando, habiendo convocado a sus parientes y amigos más íntimos.
>
> —Hechos 10:24

Cornelio reunió a sus parientes y amigos para escuchar a Pedro. Este es un ejemplo de cómo una persona puede ser la puerta a través de la que el evangelio llegue a una familia y amigos. Vemos este principio a lo largo de la Escritura. Las casas son bendecidas con salvación a través del evangelio. El siguiente ejemplo es el carcelero de Filipos.

Pero a medianoche, orando Pablo y Silas, cantaban himnos a Dios; y los presos los oían. Entonces sobrevino de repente un gran terremoto, de tal manera que los cimientos de la cárcel se sacudían; y al instante se abrieron todas las puertas, y las cadenas de todos se soltaron. Despertando el carcelero, y viendo abiertas las puertas de la cárcel, sacó la espada y se iba a matar, pensando que los presos habían huido. Mas Pablo clamó a gran voz, diciendo: No te hagas ningún mal, pues todos estamos aquí. El entonces, pidiendo luz, se precipitó adentro, y temblando, se postró a los pies de Pablo y de Silas; y sacándolos, les dijo: Señores, ¿qué debo hacer para ser salvo? Ellos dijeron: Cree en el Señor Jesucristo, y serás salvo, tú y tu casa. Y le hablaron la palabra del Señor a él y a todos los que estaban en su casa. Y él, tomándolos en aquella misma hora de la noche, les lavó las heridas; y en seguida se bautizó él con todos los suyos.

—Hechos 16:25-33

La Palabra del Señor vino al carcelero y a su casa. Toda su casa recibió la Palabra del Señor y se bautizaron. Note las palabras de Pablo: "Serás salvo, tú y tu casa". Pablo entendió que el carcelero era una abertura para toda la casa. En occidente a menudo pensamos en términos individuales, pero la cosmovisión bíblica tiene la mirada puesta en la casa. Este es el poder de la familia, especialmente cuando la cabeza de familia acepta a Cristo.

Pablo bautiza la casa de Estéfanas.

También bauticé a la *familia* de Estéfanas; de los demás, no sé si he bautizado a algún otro.

—1 Corintios 1:16

La familia de Lidia fue bautizada.

Y cuando fue bautizada, y su familia, nos rogó diciendo: Si habéis juzgado que yo sea fiel al Señor, entrad en mi *casa*, y posad. Y nos obligó a quedarnos.

—Hechos 16:15

La casa de Narciso estaba en el Señor.

Saludad a Herodión, mi pariente. Saludad a los de la *casa* de Narciso, los cuales están en el Señor.

—Romanos 16:11

La casa de Crispo recibió salvación:

Y Crispo, el principal de la sinagoga, creyó en el Señor con toda su casa; y muchos de los corintios, oyendo, creían y eran bautizados.

—Hechos 18:8

La casa del noble creyó:

El padre entonces entendió que aquella era la hora en que Jesús le había dicho: Tu hijo vive; y creyó él con toda su casa.

—Juan 4:53

La salvación vino a la casa de Zaqueo:

Jesús le dijo: Hoy ha venido la salvación a esta casa; por cuanto él también es hijo de Abraham.

—Lucas 19:9

En el Antiguo Testamento el Señor bendijo la casa de Obed-edom y todo lo que tenía.

> Y estuvo el arca de Jehová en casa de Obed-edom geteo
> tres meses; y bendijo Jehová a Obed-edom y a toda su casa.
> —2 SAMUEL 6:11

Mantuvo a la casa de David en el trono y los salvó de destrucción.

> Mas Jehová no quiso destruir la casa de David, a causa
> del pacto que había hecho con David, y porque le había
> dicho que le daría lámpara a él y a sus hijos perpetuamente.
> —2 CRÓNICAS 21:7

El amor (misericordia, benevolencia) de Dios es firme, lo cual significa que es perdurable y seguro. La palabra hebrea para "misericordias fieles" es *aman* que significa: "seguras, perdurables, fieles, establecidas, firmes y confiables".

La misericordia de Dios para con David era firme. David habló de la resurrección. El podía morir con la certeza de que sería resucitado a través del Mesías.

La familia de David y sus descendientes se beneficiaron del pacto que Dios hizo con David. La misericordia de Dios evitó que su familia fuera destruida.

> Y en cuanto a que le levantó de los muertos para nunca
> más volver a corrupción, lo dijo así: Os daré las misericor-
> dias fieles de David.
> —HECHOS 13:34

La misericordia sobre la casa de David era firme. El firme amor de Dios se manifestó de generación en generación.

Rahab la ramera es un ejemplo de fe, y ella creyó para obtener su liberación y la liberación de su casa.

> Por la fe Rahab la ramera no pereció juntamente con los
> desobedientes, habiendo recibido a los espías en paz.
> —Hebreos 11:31

Rahab es uno de los mejores ejemplos en la Escritura de la fe de alguien salvando a su casa. La fe de Rahab la salvó a ella y a su casa. Es importante que los creyentes intercedan y crean en Dios por la salvación de sus familias.

Noé preparó un arca para la salvación de su casa. La familia entera de Noé se salvó del diluvio gracias a la obediencia de Noé.

> Por la fe Noé, cuando fue advertido por Dios acerca de
> cosas que aún no se veían, con temor preparó el arca en
> que su casa se salvase; y por esa fe condenó al mundo, y
> fue hecho heredero de la justicia que viene por la fe.
> —Hebreos 11:7

La obediencia de un miembro de la familia afectará a toda la familia.

Estos son numerosos ejemplos en la Escritura de la venida de la salvación a una casa. Esto se ha podido ver a lo largo de la historia cuando la Palabra de Dios viene a incontables familias. Solamente la eternidad revelará la cantidad de familias que han sido salvas a lo largo de las generaciones. Las buenas noticias son que Dios asimismo desea visitar y salvar a su familia.

> En cualquier casa donde entréis, primeramente decid: Paz
> sea a esta casa. Y si hubiere allí algún hijo de paz, vuestra
> paz reposará sobre él; y si no, se volverá a vosotros.
> —Lucas 10:5-6

La shalom (paz) puede venir a una casa. El evangelio es el evangelio de la paz. La salvación trae paz. Paz es la palabra *shalom*, que significa salud, favor y restauración completa. Este es el deseo de Dios para las casas que creen en el evangelio de la paz.

LAS FAMILIAS DE PACTO LE DAN SOPORTE A LOS MINISTERIOS DEL REINO

Tenga el Señor misericordia de la casa de Onesíforo, porque muchas veces me confortó, y no se avergonzó de mis cadenas.

—2 TIMOTEO 1:16

Saluda a Prisca y a Aquila, y a la casa de Onesíforo.

—2 TIMOTEO 4:19

Pablo mencionó la casa de Onesíforo. Le envío saludos a su casa en sus cartas. Esta casa evidentemente era especial para Pablo. Los ministros necesitan familias que los apoyen y los bendigan en el ministerio. La casa de Onesíforo confortó a Pablo y no se avergonzó de sus cadenas. Las familias pueden ser una bendición a los ministros y ayudar a extender el Reino de Dios.

Pablo mencionó otras casas en sus cartas, incluyendo la de su pariente Herodión:

Saludad a Apeles, aprobado en Cristo. Saludad a los de la casa de Aristóbulo.

—ROMANOS 16:10

Saludad a Herodión, mi pariente. Saludad a los de la casa de Narciso, los cuales están en el Señor.

—ROMANOS 16:11

PROMESA DE PACTO PARA LA SALVACIÓN DE SUS HIJOS

> Pero así dice Jehová: Ciertamente el cautivo será rescatado
> del valiente, y el botín será arrebatado al tirano; y tu
> pleito yo lo defenderé, y yo salvaré a tus hijos.
>
> —ISAÍAS 49:25

Esta fue la promesa de Dios para el pueblo de su pacto. Ahora somos
la simiente de Abraham por fe, y podemos reclamar esta promesa
para nuestros hijos.

Las familias fragmentadas pueden ser un obstáculo para que la
salvación venga a las familias. Hay muchas familias que están divi-
didas y llenas de relaciones tirantes. Debemos orar para que la sanidad, perdón y restauración venga a las familias. El deterioro de la
familia es una epidemia en algunos lugares. La voluntad de Dios es
volver los corazones de las familias.

> El hará volver el corazón de los padres hacia los hijos, y el
> corazón de los hijos hacia los padres, no sea que yo venga
> y hiera la tierra con maldición.
>
> —MALAQUÍAS 4:6

No debería ser inusual que familias enteras vengan a la salvación. El deterioro de la familia en muchos casos es un obstáculo
para que esto suceda. Por eso es que el enemigo busca destruir familias, y como resultado obstaculiza el que los miembros de la familias reciban salvación.

Las familias son los canales naturales de comunicación de Dios.
A través de las relaciones familiares la gente es expuesta a la Palabra del Señor.

Las salvaciones familiares (de las casas) son clave para el crecimiento exponencial y la expansión del Reino. El pacto afectará a la
casa. La iglesia crecerá exponencialmente con la salvación de familias.

Cuando una persona es salva, la familia de esa persona será

impactada espiritualmente. La familia tendrá un testigo y la luz vendrá a cualquier oscuridad en que la familia haya estado generacionalmente. Este será un importante golpe a la obra del enemigo en esa familia y linaje.

"Estamos genéticamente predispuestos a aferrarnos a nuestra familia", explica el Dr. Bengtson. "La necesidad de vincularnos con los miembros de nuestra familia es parte de nuestra naturaleza. Históricamente, las relaciones familiares han desempeñado el papel más básico de todos: asegurar la supervivencia. Actualmente, la mayoría de la gente depende de interacciones familiares para brindar una experiencia reafirmante y positiva. Brindan un sentir de apoyo y una identidad de quiénes somos y lo que es único acerca de nosotros".

La gente que cultiva relaciones familiares con su familia extendida tiene una ventaja emocional y a menudo tiene más éxito en su vida personal. Tanto los niños como los adultos se benefician de estas relaciones durante tiempos de gran estrés como la tragedia, la muerte o el divorcio. También cosechan las recompensas cuando eventos gozosos llegan a su vida, sea un trabajo nuevo, un hijo o un cumpleaños importante.[1]

ORACIONES PARA LA SALVACIÓN DE LA FAMILIA

Dios, tú eres el Dios fiel, el Dios que guarda el pacto. Tú guardas el pacto y la lealtad a mil generaciones. Tengo un pacto contigo a través de la sangre de Jesús, que brinda salvación, perdón y bendición a mi vida. Tú le prometiste a Abraham que a través de su simiente todas las familias de la Tierra serían benditas. Jesús es la simiente prometida, y a través de Él mi familia puede ser bendecida.

Vengo delante de ti a favor de mi familia, y te pido que tu salvación, protección, liberación y salvación se manifieste en mi familia. Te pido por cualquiera de mi familia que no esté en pacto contigo que sea atraído a ti por tu Espíritu y que acepte a Jesús como Señor y Salvador. Pido que la bendición de pacto venga a mi familia, y que mi familia se beneficie de las bendiciones de pacto.

Ten misericordia de mi familia, y permite que tu benevolencia y entrañable misericordia sea sobre nosotros. Que tu gracia y favor sea sobre mi familia. Que mi familia en esta generación sea bendecida y permite que generaciones por venir caminen en pacto contigo y sean benditas.

Señor, salva a mi familia.

Señor, permite que tu Palabra venga a cada miembro de mi familia, y permíteles creer.

Ato y reprendo todo demonio que haya sido asignado a los miembros de mi familia para evitar que reciban salvación.

Señor, permite que la salvación venga a mi casa.

Permite que mi casa sea como la casa de Obed-Edom (2 Samuel 6:11).

DECLARE LA SALVACIÓN DEL SEÑOR SOBRE SU FAMILIA

Mi familia espera tu salvación, oh Señor (Génesis 49:18).

Mi familia espera la salvación del Señor, y sus mandamientos ha puesto por obra (Salmos 119:166).

Mis ojos han visto la salvación del Señor para mi familia (Lucas 2:30).

Solamente el Señor es la roca y la salvación para mi familia. Él es nuestro refugio, no resbalaremos (Salmos 62:6).

La salvación le pertenece al Señor y su bendición es sobre mi familia (Salmos 3:8).

Mi familia confía en la misericordia del Señor, y nuestros corazones se alegran en su salvación (Salmos 13:5).

Mi familia se alegra en la salvación del Señor (Salmos 35:9).

El Señor, nuestra salvación se apresura a ayudar a mi familia (Salmos 38:22).

El Señor le restaurará a mi familia el gozo de su salvación y nos sostendrá su noble Espíritu (Salmos 51:12).

Que el camino del Señor sea conocido en mi familia y su salvación entre todos nosotros (Salmos 67:2).

El Señor obra salvación en medio nuestro (Salmos 74:12).

El Señor le muestra misericordia a mi familia y nos da su salvación (Salmos 85:7).

El Señor saciará a mi familia de larga vida y nos mostrará su salvación (Salmos 91:16).

Mi familia busca diligentemente la salvación del Señor y la palabra de su justicia (Salmos 119:123).

Mi familia te alaba, oh Señor, porque nos has oído y nos fuiste por salvación (Salmos 118:21).

Mi familia desea la salvación del Señor, y su ley es nuestra delicia (Salmos 119:174).

Mi familia espera en silencio la salvación del Señor (Lamentaciones 3:26).

El Señor ha levantado un poderoso salvador por mi familia (Lucas 1:69).

Por el perdón de sus pecados, a mi familia le ha sido dado conocimiento de salvación (Lucas 1:77).

La gracia de Dios, la cual trae salvación, se ha manifestado a mi familia (Tito 2:11, NVI).

Jesús es el autor de eterna salvación para mi familia porque lo obedecemos (Hebreos 5:9).

Dios es salvación de mi familia. Nos aseguraremos y no temeremos. El Señor es nuestra fortaleza y nuestra canción (Isaías 12:2).

El Señor hará que se acerque su justicia a mi familia. No se alejará. Su salvación no se detendrá. Pondrá su salvación en nosotros, porque somos su gloria (Isaías 46:13).

Ciertamente, en el Señor nuestro Dios está la salvación de mi familia (Jeremías 3:23).

El Señor le ha dado a mi familia el escudo de su salvación (2 Samuel 22:36).

El Señor es la roca de salvación para mi familia (2 Samuel 22:47).

El Señor es torre de salvación a mi familia. Nos muestra misericordia a nosotros y nuestra descendencia (2 Samuel 22:51, NBLH).

Mi familia cantará al Señor y proclamará de día en día las buenas nuevas de su salvación (1 Crónicas 16:23, NBLH).

Mi familia se regocija en la salvación del Señor (Salmos 9:14, NBLH).

Grande es la gloria de mi familia en la salvación del Señor. Honor y majestad ha puesto sobre nosotros (Salmos 21:5).

Mi familia espera en el Señor todo el día, porque Él es el Dios de nuestra salvación (Salmos 25:5).

El Dios de la salvación de mi familia nos colma de beneficios (Salmos 68:19).

El Dios de nuestra salvación nos restaurará y hará cesar su ira hacia nosotros (Salmos 85:4).

La salvación del Señor está cercana a mi familia, porque le tememos. Su gloria habita en nuestra tierra (Salmos 85:9).

El Señor ha recordado su misericordia y su fidelidad con mi familia. Hemos visto su salvación (Salmos 98:3, NBLH).

El Señor se acordará de mi familia con su favor y nos visitará con su salvación (Salmos 106:4).

Mi familia tomará la copa de la salvación e invocará el nombre del Señor (Salmos 116:13).

La salvación del Señor vendrá sobre mi familia conforme a su palabra (Salmos 119:41, NBLH).

El Señor ha vestido a los sacerdotes de mi familia de salvación (Salmos 132:16).

El Señor es el poder de nuestra salvación. Cubre nuestra cabeza en el día de la batalla (Salmos 140:7, NBLH).

El Señor tiene contentamiento en mi familia y nos hermosea con su salvación (Salmos 149:4).

La salvación del Señor está para llegar a mi familia y su justicia para ser revelada (Isaías 56:1, NBLH).

Hoy ha venido la salvación a la casa de mi familia; por cuanto también somos hijos de Abraham (Lucas 19:9).

Esta salvación de Dios ha sido enviada a mi familia, y ellos oirán (Hechos 28:28).

Los profetas profetizaron que la gracia de esta salvación vendría a mi familia (1 Pedro 1:10, NBLH).

En el día de salvación el Señor ha ayudado a mi familia (2 Corintios 6:2).

Hoy es el día de salvación para mi familia (2 Corintios 6:2, NVI).

Mi familia se burla de sus enemigos porque su corazón celebra la salvación del Señor (1 Samuel 2:1, NVI).

Hoy el Señor ha dado salvación a mi familia (1 Samuel 11:13).

El Señor es el escudo y el fuerte de la salvación de mi familia. Nos libra de violencia (2 Samuel 22:3).

Aunque no es así mi casa para con Dios, Él ha hecho con nosotros pacto perpetuo. Él hará florecer toda nuestra salvación y nuestro deseo (2 Samuel 23:5).

El Señor incrementará la salvación de mi familia (2 Samuel 23:5).

Mi familia sacrifica alabanza al Señor y ordena su camino, por lo tanto, Él nos mostrará su salvación (Salmos 50:23).

El Señor es salvación a mi familia en tiempo de tribulación (Isaías 33:2).

Mi familia será salvada con salvación eterna y nunca más volverá a ser avergonzada ni humillada (Isaías 45:17, NVI).

La salvación del Señor para mi familia es por todas las generaciones (Isaías 51:8, NBLH).

El evangelio de Cristo es el poder de salvación para mi familia (Romanos 1:16).

Es ya hora de que mi familia se levante del sueño, porque ahora está más cerca de nosotros nuestra salvación que cuando creímos (Romanos 13:11).

Que la tristeza que es según Dios produzca arrepentimiento en mi familia para salvación (2 Corintios 7:10).

Mi familia cree en el Señor, habiendo oído la palabra de verdad, el evangelio de nuestra salvación. Somos sellados con el Espíritu Santo de la promesa (Efesios 1:13).

Mi familia estará firme y verá la salvación que el Señor hará hoy con nosotros (Éxodo 14:13).

El Dios de nuestra salvación salvará a mi familia. Nos juntará y nos librará para que demos gracias a su santo nombre y nos gloriemos en su alabanza (1 Crónicas 16:35).

Nunca más se oirá en mi familia violencia, destrucción ni quebrantamiento. A nuestros muros llamaremos Salvación, y a nuestras puertas Alabanza (Isaías 60:18).

El Señor ha vestido a mi familia con vestiduras de salvación y nos ha rodeado con mantos de justicia (Isaías 61:10).

Nuestra salvación se enciende como una antorcha (Isaías 62:1).

Dios escogió a mi familia desde el principio para salvación, mediante la santificación por el Espíritu y la fe en la verdad (2 Tesalonicenses 2:13).

Mi familia no necesita pelear en esta batalla. Tomaremos nuestros puestos, estaremos quietos, y veremos la salvación del Señor con nosotros (2 Crónicas 20:17, NBLH).

El Señor en el tiempo aceptable oyó a mi familia. En el día de salvación nos ayudó. El Señor nos guardará, para que restauremos, para que heredemos asoladas heredades (Isaías 49:8).

Qué hermosos son los pies de mi familia, que trae buenas nuevas, que anuncia la paz, que trae nuevas del bien, que publica salvación (Isaías 52:7).

Ahora ha venido la salvación, el poder, y el Reino de nuestro Dios, y la autoridad de su Cristo ha venido a mi familia. Nuestro acusador has sido lanzado fuera (Apocalipsis 12:10).

4

LIBERACIÓN Y SANIDAD
PARA LAS FAMILIAS

Ellos dijeron: Cree en el Señor Jesucristo, y serás salvo, tú y tu casa.

—HECHOS 16:31

U N ENTENDIMIENTO MÁS profundo de la palabra *salvación*
nos ayuda a saber que en Cristo también podemos esperar
sanidad y liberación para nuestras familias. A medida que
caminamos en pacto con Dios, abrimos la puerta para que la sangre de Cristo fluya a nuestros linajes familiares y rompa las ataduras y cadenas de opresión y posesión demoníaca de los miembros de
nuestra familia. Cuando una persona en una familia viene a Cristo
y se alinea con el nuevo pacto, activa la promesa de Dios para que
toda su familia sea salva, sanada y liberada.

El fallecido Cecil J. duCille dijo:

Muchos de nosotros quizá nos preguntemos por qué es que
cuando Dios comienza a obrar en una familia, muchos de
sus miembros se salvan uno tras otro. La respuesta es sumamente sencilla. El reino de Satanás se encuentra establecido bajo principados distintos, que consiste en príncipes,
cada uno con sus propias áreas de dominio. Estos príncipes dividen a la gente en muchas categorías más, pero
la más importante es la categoría familiar. Toda familia es adoptada por demonios o agentes de Satanás. Estos
son llamados "espíritus familiares", o "espíritus de familia". Viven y se alimentan de las familias siempre y cuando
sus rasgos sean considerados por la mayoría de las familias

como rasgos familiares. Así que no son reconocidos por la mayoría de nosotros como cualidades demoníacas. Incluso las presumiríamos como si fueran nuestras propias cualidades. En mi familia solíamos gloriarnos de nuestras proezas peleando. Podríamos recordar con orgullo nuestro abolengo como si fuera el de guerreros poderosos, cuando en verdad y de hecho estaban poseídos por demonios. Incluso el orgullo que encuentro en las familias y en las naciones, no es otra cosa sino orgullo demoníaco. La mayor parte no está basado en la realidad; la mayoría de ello (en lo que nos gloriamos) es de lo que deberíamos estar avergonzados.

Lo primero que sucede cuando Jesucristo viene a la vida de uno es que esta posesión satánica familiar es golpeada por la sangre de Jesucristo. Muchos de estos espíritus que probablemente han oprimido a la familia por generaciones, no solamente han sido hechos pedazos por la sangre de Jesús, sino que han sido puestos fuera de combate para siempre y echados al abismo del que no regresarán hasta que Jesús venga a juzgar a vivos y muertos. A partir de esta perspectiva, podemos ver entonces por qué es que cuando una persona en una familia es salvada, toda la familia comienza a ser soltada. La batalla no se detiene allí, sino que sigue y sigue. Con cada victoria que uno gana sobre su naturaleza adámica, estamos disparando un dardo o enviando bombas a Satanás a favor de nuestra familia.[1]

Lepra en la casa

Habló también Jehová a Moisés y a Aarón, diciendo:

Cuando hayáis entrado en la tierra de Canaán, la cual yo os doy en posesión, si pusiere yo plaga de lepra en alguna casa de la tierra de vuestra posesión, vendrá aquel de quien fuere la casa y dará aviso al sacerdote, diciendo: Algo como plaga ha aparecido en mi casa. Entonces el sacerdote mandará desocupar la casa antes que entre a mirar la plaga, para que no sea contaminado todo lo que estuviere en la casa; y después el sacerdote entrará a examinarla. Y examinará la plaga; y si se vieren manchas en las paredes de la casa, manchas verdosas o rojizas, las cuales parecieren más profundas que la superficie de la pared, el sacerdote saldrá de la casa a la puerta de ella, y cerrará la casa por siete días. Y al séptimo día volverá el sacerdote, y la examinará; y si la plaga se hubiere extendido en las paredes de la casa, entonces mandará el sacerdote, y arrancarán las piedras en que estuviere la plaga, y las echarán fuera de la ciudad en lugar inmundo. Y hará raspar la casa por dentro alrededor, y derramarán fuera de la ciudad, en lugar inmundo, el barro que rasparen. Y tomarán otras piedras y las pondrán en lugar de las piedras quitadas; y tomarán otro barro y recubrirán la casa. Y si la plaga volviere a brotar en aquella casa, después que hizo arrancar las piedras y raspar la casa, y después que fue recubierta, entonces el sacerdote entrará y la examinará; y si pareciere haberse extendido la plaga en la casa, es lepra maligna en la casa; inmunda es.

—Levítico 14:33-44

La lepra es un tipo del pecado. Dios dio instrucciones específicas a los sacerdotes para cuando encontraran una plaga de lepra en la casa. Jesús vino a limpiar leprosos. Muchos leprosos individuales fueron limpiados. La lepra también puede estar en familias.

Si en una casa se encontraba lepra, era considerada inmunda. La casa tenía que entonces ser quemada con fuego. Jesús puede limpiar a nuestras familias del pecado y liberar a nuestras familias de espíritus inmundos. El Espíritu Santo es ese fuego que va a quemar la lepra espiritual de nuestras familias.

La salvación también es liberación de la enfermedad y los

demonios. La gente le trajo sus hijos a Jesús para ser liberados. Este era el derecho de pacto de Israel.

Un padre trajo a su hijo a Jesús para ser liberado.

> Señor, ten misericordia de mi hijo, que es lunático, y padece muchísimo; porque muchas veces cae en el fuego, y muchas en el agua.
>
> —MATEO 17:15

Una mujer gentil vino a Jesús a favor de su hija.

> Y he aquí una mujer cananea que había salido de aquella región clamaba, diciéndole: ¡Señor, Hijo de David, ten misericordia de mí! Mi hija es gravemente atormentada por un demonio.
>
> —MATEO 15:22

La mujer de Canaán no tenía derecho de pacto para la sanidad de su hija, pero la recibió por su fe. Esto muestra el poder de la fe. Muchos que tenían el derecho de pacto no lo recibieron a causa de la incredulidad, y los que no tenían derecho de pacto lo recibieron por su fe.

Multitudes trajeron a sus seres queridos a Jesús para sanidad y liberación. Muchos de los milagros de sanidad y liberación ocurrieron en el ministerio de Cristo cuando la gente le llevó a sus seres queridos y a sus amigos. Mateo, Marcos y Lucas registran estos milagros.

Este es el relato de Lucas. Los que habían sido atormentados de espíritus inmundos eran sanados.

> Y descendió con ellos, y se detuvo en un lugar llano, en compañía de sus discípulos y de una gran multitud de gente de toda Judea, de Jerusalén y de la costa de Tiro y de Sidón, que había venido para oírle, y para ser sanados de sus enfermedades; y los que habían sido atormentados

de espíritus inmundos eran sanados. Y toda la gente
procuraba tocarle, porque poder salía de él y sanaba a
todos.

—LUCAS 6:17-19

Este es el relato de Mateo. Los poseídos y atormentados por demonios fueron sanados.

Y se difundió su fama por toda Siria; y le trajeron todos los
que tenían dolencias, los afligidos por diversas enfermedades y tormentos, los endemoniados, lunáticos y paralíticos;
y los sanó. Y le siguió mucha gente de Galilea, de Decápo-
lis, de Jerusalén, de Judea y del otro lado del Jordán.

—MATEO 4:24-25

Este es el relato de Marcos. Los que tenían espíritus inmundos
eran sanados.

Mas Jesús se retiró al mar con sus discípulos, y le siguió
gran multitud de Galilea. Y de Judea, de Jerusalén, de
Idumea, del otro lado del Jordán, y de los alrededores de
Tiro y de Sidón, oyendo cuán grandes cosas hacía, grandes multitudes vinieron a él. Y dijo a sus discípulos que
le tuviesen siempre lista la barca, a causa del gentío, para
que no le oprimiesen. Porque había sanado a muchos; de
manera que por tocarle, cuantos tenían plagas caían sobre
él. Y los espíritus inmundos, al verle, se postraban delante
de él, y daban voces, diciendo: Tú eres el Hijo de Dios.

—MARCOS 3:7-11

El pacto de Dios lo pone a usted y a su familia en la posición
para recibir milagros, incluyendo sanidad y liberación.

Los mismo sucedió a través de los apóstoles.

Tanto que sacaban los enfermos a las calles, y los ponían en camas y lechos, para que al pasar Pedro, a lo menos su sombra cayese sobre alguno de ellos. Y aun de las ciudades vecinas muchos venían a Jerusalén, trayendo enfermos y atormentados de espíritus inmundos; y todos eran sanados.

—HECHOS 5:15-16

Traiga a sus seres queridos al Señor para sanidad y liberación. Hemos visto a muchos familiares que son traídos para que oremos por ellos por sus seres queridos creyentes para recibir sanidad y liberación. Esto revela el poder de la unidad familiar y las relaciones de pacto.

Esto se duplicó en cada aldea y ciudad a la que Jesús entró. La gente traía a sus seres queridos enfermos para tocar el borde de su manto.

Y dondequiera que entraba, en aldeas, ciudades o campos, ponían en las calles a los que estaban enfermos, y le rogaban que les dejase tocar siquiera el borde de su manto; y todos los que le tocaban quedaban sanos.

—MARCOS 6:56

Los que tocaban a Cristo eran restaurados. La gente traía a sus seres queridos a Jesús para sanidad y liberación. Traiga a sus seres queridos al Señor y vea a Dios realizar milagros a su favor.

SU FE SOLTARÁ EL PODER SANADOR EN SUS SERES QUERIDOS

Y él le dijo: Hija, tu fe te ha hecho salva; ve en paz, y queda sana de tu azote.

—MARCOS 5:34

La fe suelta la unción de sanidad. La incredulidad bloquea la sanidad. Como mencioné anteriormente, lo principal de tener fe en el poder de Dios para sanar a su familia es tener una revelación de su pacto con usted. Cuando usted comprenda el pacto, usted entenderá que la sanidad es para usted y su familia. Esto es algo que Dios quiere hacer. Por la fe usted puede comenzar a demandar la operación del poder sanador de Dios.[2]

La fe es como un vacío que absorbe la unción. Jesús no solamente ministró con la unción, sino que también le hizo saber a la gente que Él estaba ungido (Lucas 4:18). Cuando escucharon que estaba ungido, fue su responsabilidad creer y recibir. La gente de Nazaret no creyó y no pudo obtener nada de su unción (vea Marcos 6:1-6). No pudo hacer muchos milagros en Nazaret por su incredulidad. Si hubieran creído, hubieran extraído de su unción y hubieran sido sanados.

Pero la mujer con el flujo de sangre creyó. Ella creyó lo suficiente como para abrirse paso entre la multitud, estirar la mano y tocar al sanador mismo. En Lucas 8:46 Jesús dice: "Alguien me ha tocado; porque yo he conocido que ha salido poder de mí".

Jesús percibió que había salido de Él poder. La mujer extrajo poder sanador de Él con su fe. La palabra *poder* es la palabra griega *dunamis*, que significa habilidad, fuerza o poder. Cuando usted tiene fe de que su ser querido será sanado, usted demanda la operación del poder sanador de Dios. El poder de Dios es soltado a su favor. Por lo tanto, la unción es el poder de Dios.

> Cuando oyó hablar de Jesús, vino por detrás entre la multitud, y tocó su manto.
>
> —Marcos 5:27

Esta mujer había escuchado de Jesús. Había escuchado que la unción para sanar estaba sobre Él. Ella había escuchado que un profeta de Dios estaba ministrando en Israel.

Cuando la gente escucha acerca de la unción, su fe incrementa en este aspecto, y ellos entonces tienen el conocimiento y la fe para demandar la operación de la unción. Mire lo que sucedió en el tiempo de los apóstoles.

> Y los que creían en el Señor aumentaban más, gran número así de hombres como de mujeres; tanto que sacaban los enfermos a las calles, y los ponían en camas y lechos, para que al pasar Pedro, a lo menos su sombra cayese sobre alguno de ellos. Y aun de las ciudades vecinas muchos venían a Jerusalén, trayendo enfermos y atormentados de espíritus inmundos; y todos eran sanados.
> —HECHOS 5:14-16

Aquí vemos a gente viniendo "de las ciudades vecinas". Donde hay demanda, hay oferta. Había suficiente unción disponible para sanar *a todos*. Estas personas demandaron la operación de la unción que fluía de los apóstoles. Cuando la gente viene a las reuniones, algunas veces de largas distancias, y demandan la operación del don, recibirán milagros.

> Aconteció un día, que él estaba enseñando, y estaban sentados los fariseos y doctores de la ley, los cuales habían venido de todas las aldeas de Galilea, y de Judea y Jerusalén; y el poder del Señor estaba con él para sanar.
> —LUCAS 5:17

La palabra *poder* aquí es *dunamis*, que es la misma palabra de Lucas 8:46. La mujer con el flujo de sangre extrajo el poder del cuerpo de Jesús con su fe. Así que podemos decir que el poder sanador estaba en el lugar cuando Jesús enseñó. Cuando el poder (la unción) para sanar está presente, podemos usar nuestra fe para demandar la operación de esa unción. Entonces será soltada para sanidad.

> Y sucedió que unos hombres que traían en un lecho a un hombre que estaba paralítico, procuraban llevarle adentro y ponerle delante de él. Pero no hallando cómo hacerlo a causa de la multitud, subieron encima de la casa, y por el tejado le bajaron con el lecho, poniéndole en medio,

delante de Jesús. Al ver él la fe de ellos, le dijo: Hombre,
tus pecados te son perdonados.

—Lucas 5:18-20

A través de su fe, demandaron la operación de la unción presente en ese lugar. Como resultado, fue soltado un poder sanador y
el hombre fue sanado. Hay momentos en los que, durante un ser-
vicio, la presencia del Señor es espesa como una nube. Cuando la
unción está presente a este grado, todo lo que necesitamos hacer es
usar nuestra fe para demandar su operación. La sanidad y los milagros vienen como resultado de demandar la operación de la unción.

Demandamos la operación de la unción con nuestra *fe*. El Señor
nos ha dado el don de la fe para este propósito. Podemos esperar que
Dios responda a nuestra fe porque estamos en pacto con Él. El Señor
desea que usemos nuestra fe para demandar la operación (hacer un
retiro) de los dones de Dios y Él desea sanarnos y a nuestras familias.

DECLARE LIBERACIÓN Y SANIDAD SOBRE SU FAMILIA

Por la pureza de las manos de mi familia, incluso el que no es ino-
cente será librado (Job 22:30, NBLH).

El Señor librará a mi familia en medio de su aflicción, y abre su
oído en tiempos de opresión (Job 36:15, NBLH).

El Señor librará a mi familia de la muerte y los mantiene con vida
en épocas de hambre (Salmos 33:19, NVI).

El Señor librará a mi familia de los que cometen iniquidad y la
salva de los hombres sanguinarios (Salmos 59:2).

Mi familia clamó al Señor en nuestra angustia, y Él nos libró de
nuestras aflicciones (Salmos 107:6).

El Señor ha librado a mi familia de tan gran peligro de muerte. En
el tenemos puesta nuestra esperanza de que Él aun nos ha de librar
(2 Corintios 1:10, NBLH).

El Señor ha librado a mi familia de la mano del adversario, y nos ha rescatado de la mano de los tiranos (Job 6:23, NBLH).

En el Señor esperaron nuestros padres; esperaron y Él los libró (Salmos 22:4).

El Señor ha librado a mi familia de la espada, y nuestra preciosa vida del poder de esos perros (Salmos 22:20, NVI).

El Señor ha librado a mi familia de la mano de nuestros enemigos y de nuestros perseguidores (Salmos 31:15).

El Señor ha librado a mi familia de todos nuestros temores (Salmos 34:4).

El Señor ha librado a mi familia de mano de los impíos (Salmos 82:4).

El Señor ha librado a mi familia de las profundidades del Seol (Salmos 86:13).

El Señor ha visto la aflicción de mi familia y nos ha librado, porque de su ley no nos hemos olvidado (Salmos 119:153).

Nuestra súplica llegó delante de ti; y tú libraste a mi familia conforme a tu promesa (Salmos 119:170).

La justicia ha librado a mi familia de muerte (Proverbios 11:4).

El Señor se ha vuelto hacia mi familia y ha librado nuestra alma, por su misericordia (Salmos 6:4).

El Señor ha librado a mi familia de las contiendas del pueblo y nos ha hecho cabeza de naciones (Salmos 18:43).

Muchas son las aflicciones de mi familia, pero de todas ellas nos libra el Señor (Salmos 34:19).

El Señor rescata a mi familia del lodo. No seremos sumergidos. Nos librará de los que me aborrecen (Salmos 69:14).

El Señor librará a mi familia con su diestra, para que nosotros que somos sus amados quedemos a salvo (Salmos 108:6, NVI).

El Señor extenderá su mano desde las alturas y salvará a mi familia de las aguas tumultuosas (Salmos 144:7, NVI).

El Señor ha librado hoy a mi familia de todos aquellos que se levantaron contra nosotros (2 Samuel 18:31, NBLH).

El Señor pondrá a salvo a mi familia. Le romperá la quijada a nuestros enemigos. Le rompe los dientes a los malvados (Salmos 3:7, NVI).

El Señor sacó a mi familia de Egipto, y nos libró del poder de los egipcios, y de mano de todos los reinos que nos afligieron (1 Samuel 10:18).

El Señor Dios anda en medio del campamento de mi familia para librarnos y para derrotar a nuestros enemigos. Nuestro campamento es santo. El Señor no se apartará de nosotros (Deuteronomio 23:14).

Mi familia se vuelve al Señor y nos dedicaremos totalmente a servirlo solamente a Él, y Él nos librará del poder de los Filisteos (1 Samuel 7:3).

SANIDAD

Él es quien perdona a mi familia todas nuestras iniquidades, el que sana todas nuestras enfermedades (Salmos 103:3, NBLH).

El Señor sana a los quebrantados de corazón de mi familia, y venda sus heridas (Salmos 147:3).

Y oyó el Señor a mi familia, y nos sanó (2 Crónicas 30:20).

Señor, a ti clamó mi familia, y nos sanaste (Salmos 30:2).

El Señor envió su palabra, y sanó a mi familia, y nos libró de nuestra ruina (Salmos 107:20).

Y vienen al Señor los ciegos y cojos de mi familia, y Él los sanará (Mateo 21:14).

Los endemoniados de mi familia son sanados por el Señor (Lucas 8:36, NBLH).

El Señor sanará a mi familia, y se convertirán a Él (Isaías 19:22).

El Señor traerá sanidad y medicina a mi familia; y nos curará, y nos revelará abundancia de paz y de verdad (Jeremías 33:6).

El Señor es misericordioso con mi familia. Él sana nuestras almas (Salmos 41:4).

Por sus llagas mi familia es sanada (Isaías 53:5).

Jesús vendrá y sanará a mi familia (Mateo 8:7).

El Señor tiene compasión por la gran multitud de mi familia. Sana a nuestros enfermos (Mateo 14:14).

Poder sale del Señor y sana a todos en mi familia (Lucas 6:19).

Mi familia es sanada desde esta hora (Mateo 15:28).

El Señor ha sanado a todas las mujeres de mi familia, y tendrán hijos (Génesis 20:17).

El Señor curará la infidelidad de mi familia, y ellos en verdad vienen a Él (Jeremías 3:22, NVI).

El Señor le devuelve la salud a mi familia, y nos sana de nuestras heridas (Jeremías 30:17, NBLH).

El Señor sana toda enfermedad y toda dolencia en mi familia (Mateo 9:35).

El Señor pone manos sobre cada uno de mi familia y los sana (Lucas 4:40).

La fama del Señor se está extendiendo más y más en mi familia; y se reúnen con Él para oírle, y para que los sane de sus enfermedades (Lucas 5:15).

Porque de muchos de mi familia que tienen espíritus inmundos, saldrán estos; y muchos que están paralíticos y cojos serán sanados (Hechos 8:7).

Mi familia confesará sus ofensas unos a otros, y orarán unos por otros, para que sean sanados (Santiago 5:16).

La sanidad de mi familia llegará al instante (Isaías 58:8, NVI).

El Señor vendrá y pondrá las manos sobre los niños de mi familia que estén al borde de la muerte para que sanen y vivan (Marcos 5:23, NBLH).

Mi familia oirá atentamente la voz del Señor nuestro Dios, y hará lo recto delante de sus ojos, y dará oído a sus mandamientos, y guardará todos sus estatutos, y ninguna enfermedad de las que envió a los egipcios enviará sobre nosotros (Éxodo 15:26).

El Señor ha oído la oración de mi familia. Ha visto nuestras lágrimas; he aquí que Él nos sanará (2 Reyes 20:5).

El poder del Señor está presente para sanar a mi familia (Lucas 5:17).

5

LA MISERICORDIA DIVINA DE PACTO

Bendito el Señor Dios de Israel, que ha visitado y redimido a su pueblo, y
nos levantó un poderoso Salvador en la casa de David su siervo, como habló
por boca de sus santos profetas que fueron desde el principio; salvación de
nuestros enemigos, y de la mano de todos los que nos aborrecieron; para
hacer misericordia con nuestros padres, y acordarse de su santo pacto.

—LUCAS 1:68-72

L A BASE DEL antiguo y nuevo pactos es la extensión de la entrañable misericordia de Dios hacia su pueblo escogido. La misericordia es el pacto realizado a favor de la simiente de Abraham. Cuando Dios entra en pacto con una persona, siempre hay evidencia de su entrañable misericordia en su vida. Muchas veces cuando pensamos en misericordia, pensamos en términos de perdón. La misericordia es mucho más que perdón de pecado.

La misericordia es recibir la participación de Dios en lo que sea que uno necesite ayuda. ¿Necesita liberación? El Señor tendrá misericordia de usted. ¿Necesita sanidad? El Señor tendrá misericordia de usted. ¿Necesita restauración en su matrimonio? El Señor le extenderá su misericordia a usted. ¿Necesita un avance en sus finanzas? Que el Señor tenga misericordia de usted. La misericordia es Dios actuando conforme a su pacto para lo que usted tenga necesidad.

La palabra hebrea para *misericordia* es *checed*. Se traduce al español como "misericordia, benignidad, benevolencia, bondad, amablemente, misericordioso, favor, bien, gentileza, conmiseración".[1] Una palabra hebrea relacionada *racham*, habla todavía más de cerca sobre la misericordia de pacto de Dios. Significa "amar, amar profundamente, tener misericordia, ser compasivo, tener afecto entrañable, tener compasión".[2]

Usted la puede ver aquí en 2 Reyes 13:23:

> Mas Jehová tuvo misericordia de ellos, y se *compadeció* [tuvo misericordia] de ellos y los miró, a causa de su pacto con Abraham, Isaac y Jacob; y no quiso destruirlos ni echarlos de delante de su presencia hasta hoy.
>
> —Énfasis añadido

La palabra *compasión* en este versículo es la misma palabra hebrea *racham*, utilizada para *misericordia* en otros lugares en el Antiguo Testamento (Éxodo 33:19; Salmos 102:13; Proverbios 28:13; Isaías 14:1; 30:18). La idea es que la misericordia, la compasión y la conmiseración de Dios es para el pueblo de su pacto. La misericordia mueve a Dios y lo lleva a actuar. Por eso es que la Biblia dice que Jesús tuvo compasión y sanó a los enfermos (Mateo 14:14).

La entrañable misericordia, la benevolencia y la compasión de Dios también se ve a lo largo de la historia de Israel. Aunque Israel continuamente rompía el pacto, Dios jamás removió su compasión de ellos por su lealtad de pacto a Abraham, su amigo de pacto. La misericordia de Dios era extendida continuamente a Israel a través de la liberación y su preservación. La misericordia de Dios se puede ver a través de su compasión.

Muchas veces escuchamos con respecto al pacto que el juicio del Señor viene sobre los que rompen el pacto y las rameras espirituales, pero el pacto de Dios realmente es un pacto de misericordia, benevolencia y compasión. Es gracias al gran amor y compasión de Dios que extendió su pacto a Israel.

Como usted es la simiente de Abraham a través de Cristo, Dios tendrá compasión de sus seres queridos. La compasión de Dios alcanza al enfermo y al endemoniado. La compasión de Dios puede tocar individuos y familias. Ore para que su compasión alcance a los miembros de su familia.

> Clemente y misericordioso es Jehová, lento para la ira, y grande en misericordia.
>
> —Salmos 145:8

La obras de Jesús eran una manifestación de la misericordia de pacto

Jesús es la mayor manifestación de la misericordia de Dios que haya conocido el hombre. Su encarnación fue la manifestación de eterna salvación y de eterna redención. Las obras que Jesús realizó en la Tierra fueron los actos de misericordia a favor de Israel. Lucas 1:68-75 identifica todo lo que Jesús había de cumplir durante su vida en la Tierra:

> Bendito el Señor Dios de Israel, que ha visitado y redimido a su pueblo, y nos levantó un poderoso Salvador en la casa de David su siervo, como habló por boca de sus santos profetas que fueron desde el principio; salvación de nuestros enemigos, y de la mano de todos los que nos aborrecieron; *para hacer misericordia con nuestros padres, y acordarse de su santo pacto;* del juramento que hizo a Abraham nuestro padre, que nos había de conceder que, librados de nuestros enemigos, sin temor le serviríamos en santidad y en justicia delante de él, todos nuestros días.
>
> —Énfasis añadido

Jesús vino a representar el pacto de su Padre a favor de Israel. Vino a mostrarles la plenitud de su redención, la revelación de los beneficios de la salvación, y el camino a la liberación para que pudieran adorar y servir a Dios sin temor. Fue la compasión de Dios y su grande misericordia que envío a Jesús a Israel.

Las obras que hizo Jesús fueron las obras del Padre. Fueron obras de misericordia. Los milagros, las señales y maravillas fueron una revelación de la misericordia de Dios para con Israel. Por eso es que en los Evangelios vemos que la gente se le acerca a Jesús con sus problemas diciendo: "Hijo de David, ten misericordia de mí". Y Jesús era movido con compasión para sanar a los enfermos.

> Y saliendo Jesús, vio una gran multitud, y tuvo compasión de ellos, y sanó a los que de ellos estaban enfermos.
> —Mateo 14:14

- Jesús abrió los ojos del ciego por compasión (Marcos 10:46-52).

- Jesús limpió al leproso por compasión (Marcos 1:41).

- El padre trajo a su hijo endemoniado a Jesús para sanidad, y Jesús lo liberó por compasión (Marcos 9:21-23).

- Jesús levantó al muchacho de los muertos porque se compadeció y se lo entregó a su madre (Lucas 7:12-14).

Jesús fue movido a compasión cuando vio la condición de las ovejas perdidas de la casa de Israel (Mateo 9:36). Jesús entonces envió a los doce, y más tarde a los setenta para sanar a los enfermos y echar fuera demonios. Jesús jamás ministró fuera de Israel. Las promesas del pacto de Dios estaban dirigidas a Israel, y su compasión de pacto se manifestó a través de sanidad.

> Entonces llamando a sus doce discípulos, les dio autoridad sobre los espíritus inmundos, para que los echasen fuera, y para sanar toda enfermedad y toda dolencia.
> —Mateo 10:1

Los Doce fueron enviados después de que Jesús fue movido a compasión. Este envío de los Doce revela la misericordia de pacto y la compasión de Dios manifestándose a través del ministerio de Cristo. La compasión de Dios estaba siendo mostrada sobre la familia de Abraham.

La compasión provocó que Cristo enviara a sus discípulos para traer sanidad y liberación a la simiente de Abraham. Todo esto se basa en el pacto. El pacto es el marco de referencia a través del que la compasión fluye para traer sanidad y liberación. Si Dios lo hizo por la familia de Abraham por medio del pacto, entonces lo hará por su familia mediante el pacto.

DIOS ES UN DIOS DE COMPASIÓN

La compasión de Dios se necesita entender en un contexto de pacto. La compasión de Dios se puede ver en sus tratos con Israel a lo largo de su historia. Dios continuamente tuvo misericordia de ellos y los liberó a pesar de su constante rebelión y violaciones del pacto. El libro de los Jueces es un ejemplo de la compasión de Dios sobre Israel al levantar libertadores cuando clamaban a Él.

> Pero él, misericordioso, perdonaba la maldad, y no los destruía. Y apartó muchas veces su ira, y no despertó todo su enojo.
> —SALMOS 78:38

Dios es compasivo y misericordioso con todos, pero especialmente con el pueblo de su pacto. Israel constantemente experimentó la compasión de Dios por el pacto hecho con Abraham. Dios siempre recordó su pacto y perdonó sus pecados cuando se arrepentían.

Mas tú, Señor, Dios misericordioso y clemente, lento para la ira, y grande en misericordia y verdad.

—Salmos 86:15

La compasión de Dios es abundante hacia su pueblo. Dios es ubérrimo en misericordia y verdad. La compasión de Dios vendrá a su familia gracias a Jesucristo. Entre más escuche y medite en estos versículos, más fe tendrá para experimentar la compasión de Dios por sus seres queridos.

Ha hecho memorables sus maravillas; clemente y misericordioso es Jehová.

—Salmos 111:4

La compasión de Dios se conecta con sus obras maravillosas. Israel experimentó las maravillosas obras de Dios a favor de su pacto. Créale a Dios por la salvación de los miembros de su familia para ver y experimentar las maravillosas obras de Dios.

Pues a Moisés dice: Tendré misericordia del que yo tenga misericordia, y me compadeceré del que yo me compadezca.

—Romanos 9:15

Dios escogió a Jacob sobre Esaú y tuvo compasión de él. La compasión de Dios sobre Jacob se debe comprender en el contexto del pacto. La promesa de Dios a Abraham podría extenderse a Isaac y Jacob por elección divina. Jacob recibió compasión y fue bendecido por causa de su pacto. Esaú no tenía este pacto y no recibió la bendición del pacto.

El pacto y la compasión van de la mano. Los compañeros de pacto tendrán compasión uno del otro. Los compañeros de pacto se extenderán misericordia entre sí. Los maridos le extienden misericordia a su esposa, las esposas le extienden misericordia a su marido, y los padres le extienden misericordia a sus hijos.

La compasión del Señor se puede ver mejor en la historia del hijo pródigo en Lucas capítulo 15. El padre del hijo tuvo compasión de él y lo recibió de vuelta en casa. La historia del hijo pródigo representa el amor de Dios por sus hijos, y la compasión de Dios sobre ellos incluso cuando se apartan de él.

Dios es padre, y le extiende su misericordia a sus hijos. Dios está preocupado por usted y su familia porque Dios es compasivo hacia usted. Si usted es hijo de Dios, puede confiar en la misericordia de Dios y compasión sobre su vida. Dios obrará a su favor. Dios sanará y liberará a sus seres queridos si se lo pide.

No subestime el poder de la compasión. La compasión es una de las cosas más poderosas en la vida. La compasión es una fuerza detrás de los milagros. La compasión es la causa del perdón. La compasión es la razón por la que el Padre envió a Jesús. La compasión es una parte importante del pacto.

DECLARE LA MISERICORDIA DE PACTO DEL SEÑOR Y SU COMPASIÓN SOBRE SU FAMILIA

Señor, creo que sigues siendo movido a compasión actualmente gracias al pacto, muévete a favor de mi familia en el nombre de Jesús.

Señor, libera tu misericordia y compasión sobre mis seres queridos.

Señor, libera a mis seres queridos de cada estratagema y trampa del enemigo a través de tu compasión.

Señor, sana a mis seres queridos de toda enfermedad y padecimiento a través de tu compasión.

Señor, presento a mis seres queridos ante ti, ten compasión de ellos, y realiza milagros en su vida en el nombre de Jesús.

Señor, que mis seres queridos vean tus maravillosas obras en su vida a través de tu compasión (Salmos 111:4).

Señor, tú eres grande en misericordia y verdad, que los miembros de mi familia experimenten tu abundante gracia y misericordia (Salmos 86:15).

La misericordia de Dios está sobre mi familia porque lo tememos de generación en generación (Lucas 1:50).

Dios ha usado de misericordia para con mi familia (2 Samuel 22:51).

Por las muchas misericordias del Señor no ha consumido, ni desamparado a mi familia (Nehemías 9:31).

Mi familia en todo tiempo tiene misericordia, y presta; y nuestra descendencia es para bendición (Salmos 37:26).

El Señor ha socorrido a mi familia, acordándose de la misericordia (Lucas 1:54).

La misericordia del Señor triunfa sobre el juicio de mi familia (Santiago 2:13).

El Señor es misericordioso con mi familia, porque lo amamos y guardamos sus mandamientos (Éxodo 20:6).

Mi familia en tu misericordia ha confiado (Salmos 13:5).

La misericordia del Altísimo, no será removida de mi familia (Salmos 21:7).

El Señor se acuerda de sus piedades y de sus misericordias hacia mi familia, que son perpetuas (Salmos 25:6).

El Señor se volverá a mi familia y tendrá misericordia de nosotros (Salmos 25:16, NTV).

El Señor redimirá a mi familia y será misericordioso con nosotros (Salmos 26:11).

El Señor nos escucha y tendrá misericordia de nuestros seres queridos; Él es nuestro ayudador (Salmos 30:10).

He aquí el ojo de Jehová sobre los que le temen, sobre los que esperan en su misericordia (Salmos 33:18).

Bendito sea Dios, que no echó de sí las oraciones de mis seres queridos, ni de nosotros su misericordia (Salmos 66:20).

El Señor le mostrará su misericordia a mi familia y nos dará su salvación (Salmos 85:7).

En mi familia la misericordia y la verdad se encontraron (Salmos 85:10).

El Señor es bueno con mi familia. Para siempre es su misericordia, y su verdad por todas nuestras generaciones (Salmos 100:5).

El Señor redime la vida de mi familia de la muerte y nos corona de amor y tiernas misericordias (Salmos 103:4, NTV).

El Señor se ha acordado de su pacto con nosotros, y se ha arrepentido conforme a la muchedumbre de sus misericordias (Salmos 106:45).

El Señor tiene misericordia de mi familia según su palabra (Salmos 119:58).

Por su misericordia, el Señor ha disipado a los enemigos de mi familia, y ha destruido a todos los adversarios de nuestra alma (Salmos 143:12).

Misericordia y verdad guardan a mi familia (Proverbios 20:28).

Mi familia sigue la justicia y la misericordia, y halla la vida, la justicia y la honra (Proverbios 21:21).

Por la misericordia del Señor mi familia no ha sido consumida (Lamentaciones 3:22).

Por la entrañable misericordia de nuestro Dios, la aurora desde lo alto ha visitado a mi familia (Lucas 1:78).

El Señor es rico en misericordia hacia mi familia, por su gran amor con que nos amó (Efesios 2:4).

Misericordia y paz y amor le son multiplicados a mi familia (Judas 1:2).

El Señor demostrará amor por mi familia, y el dirá que somos su pueblo, y nosotros responderemos: "¡Tú eres nuestro Dios!" (Oseas 2:23).

El Señor condujo en su misericordia a mi familia a la que Él ha redimido; nos ha llevado con su poder a su santa morada (Éxodo 15:15).

El Señor salva gloriosamente a mi familia, y usa de misericordia para con nosotros y nuestra descendencia para siempre (2 Samuel 22:51).

Mi familia le dará las gracias al Señor, porque Él es bueno. Y para siempre es su misericordia (1 Crónicas 16:34).

El Señor hará resplandecer su rostro sobre mi familia; y nos salvará por sus misericordias (Salmos 31:16).

El Señor rodeará a mi familia con misericordia porque confiamos en Él (Salmos 32:10, NBLH).

El Señor pondrá su misericordia sobre nosotros, según esperamos en Él (Salmos 33:22).

El Dios de mi misericordia es un refugio para mi familia. Cantaremos al Señor porque es nuestra fortaleza (Salmos 59:17).

Con mi familia estarán la fidelidad y la misericordia del Señor, y en su nombre será exaltado nuestro poder (Salmos 89:24, NBLH).

El Señor para siempre le conservará su misericordia a mi familia, y su pacto será firme con nosotros (Salmos 89:28).

El Señor de mañana saciará de su misericordia a mi familia, y cantaremos y nos alegraremos todos nuestros días (Salmos 90:14).

La misericordia del Señor ha sustentado a mis seres queridos (Salmos 94:18).

La misericordia del Señor es desde la eternidad y hasta la eternidad sobre mi familia porque lo tememos, y su justicia sobre los hijos de nuestros hijos (Salmos 103:17).

Tu misericordia será un consuelo para mi familia (Salmos 119:76).

Muchas son las misericordias del Señor hacia mi familia; Él nos vivificará conforme a sus juicios (Salmos 119:156).

Mi familia ha alcanzado la misericordia de Dios porque confesamos y nos apartamos de nuestros pecados (Proverbios 28:13).

Aunque los de mi familia antes fueron blasfemos, perseguidores e injuriadores; fueron recibidos a misericordia porque lo hicieron por ignorancia, en incredulidad (1 Timoteo 1:13).

Tenga el Señor misericordia de las casas de mi familia y las conforte (2 Timoteo 1:16).

El Señor será propicio a las injusticias de mi familia. Y nunca más se acordará de sus pecados y de sus iniquidades (Hebreos 8:12).

Así como perdonó a los hijos de Israel, Él perdonará ahora la iniquidad de mis seres queridos según la grandeza de su misericordia (Números 14:19).

El Señor nuestro Dios, el Dios misericordioso; no dejará, ni destruirá, ni se olvidará del pacto que le juró a mi familia porque lo amamos y guardamos sus mandamientos (Deuteronomio 4:31).

Mi familia por la abundancia de la misericordia del Señor entrará a su casa; adoraremos hacia su santo templo (Salmos 5:7).

Ciertamente el bien y la misericordia seguirán a mis seres queridos todos los días de mi vida, y en la casa del Señor moraré por largos días (Salmos 23:6).

Las misericordias del Señor cantará perpetuamente mi familia; de generación en generación haremos notoria su fidelidad con nuestra boca (Salmos 89:1).

El Señor se levantará y tendrá misericordia de mi familia, porque es tiempo de tener misericordia de ella, porque el plazo ha llegado (Salmos 102:13).

Los ojos de mi familia miran al Señor nuestro Dios, hasta que tenga misericordia de nosotros (Salmos 123:2).

El Señor cumplirá su propósito en mi familia. Su misericordia es para siempre. Él no desamparará la obra de sus manos (Salmos 138:8).

El Señor ha hecho con mi familia un pacto eterno, las misericordias firmes a David (Isaías 55:3).

El Señor ha desposado a mi familia para siempre; se ha desposado con nosotros en justicia, juicio, benignidad y misericordia (Oseas 2:19).

Mi familia sembrará para sí misma en justicia y segará en misericordia (Oseas 10:12).

Mi familia se convertirá a al Señor nuestro Dios; porque misericordioso es y clemente, tardo para la ira y grande en misericordia (Joel 2:13).

Mis seres queridos están enfermos, a punto de morir; pero Dios tendrá misericordia de ellos (Filipenses 2:27).

Concédale el Señor a mi familia que halle misericordia cerca del Señor en aquel día (2 Timoteo 1:18).

Mi familia se acercará confiadamente al trono de la gracia, para alcanzar misericordia y hallar gracia para el oportuno socorro (Hebreos 4:16).

Mi familia espera la misericordia de nuestro Señor Jesucristo para vida eterna (Judas 1:21).

El Señor, con todo, por sus muchas misericordias no abandonó a mi familia en el desierto. Nos ha alumbrado el camino por el que hemos de ir (Nehemías 9:19).

Según la gran misericordia del Señor les envió a mi familia libertadores para que los salvasen de mano de sus enemigos (Nehemías 9:27).

Mi familia no tendrá hambre ni sed, ni el calor ni el sol los afligirá; porque el Señor tiene de ellos misericordia y los guiará, y los conducirá a manantiales de aguas (Isaías 49:10).

El Señor ahora volverá los cautivos de mi familia, y tendrá misericordia de toda la casa de Israel, y se mostrará celoso por nosotros (Ezequiel 39:25).

El Señor nuestro Dios inclinará su oído, y oirá; abrirá sus ojos, y mirará nuestras desolaciones, porque mi familia eleva nuestros ruegos ante Él confiados en sus muchas misericordias (Daniel 9:18).

Porque el Señor fortalecerá las casas de mi familia. Nos hará volver porque tendrá piedad de nosotros. No seremos desechados. Porque Él es el Señor nuestro Dios, y nos oirá (Zacarías 10:6).

6
FAMILIAS PROFÉTICAS

Y este será mi pacto con ellos, dijo Jehová: El Espíritu mío que está sobre ti, y mis palabras que puse en tu boca, no faltarán de tu boca, ni de la boca de tus hijos, ni de la boca de los hijos de tus hijos, dijo Jehová, desde ahora y para siempre.

—ISAÍAS 59:21

UNA DE LAS mayores bendiciones sobre una familia a través del pacto es el don del Espíritu Santo y soltar la Palabra del Señor. La Palabra del Señor trae edificación, exhortación, consuelo y revelación, imparte, trae dirección, sanidad y liberación. Dios ha prometido poner su Espíritu sobre nosotros y su Palabra en la boca de nuestra simiente y de la simiente de nuestra simiente.

Todos hemos visto familias que tienen una herencia según Dios. Algunas familias tienen una historia de ministros o misioneros que han bendecido al mundo. Algunas familias han tenido dones musicales tremendos que bendicen a la iglesia. Algunas han soltado tremendos predicadores y maestros. La unidad familiar ha sido diseñada por Dios para ser bendecida y ser una bendición.

El Espíritu Santo puede venir a su familia, y la Palabra de Dios puede estar en la boca de su simiente. La palabra profética suelta destino y propósito. Esto es a menudo una parte ignorada de su pacto. El pacto nos da la ventaja de escuchar y recibir la Palabra de Dios.

Isaías habló la Palabra del Señor yendo de generación en generación. Este es un legado profético que puede ser pasado a los hijos. Las familias brindan un legado y un marco de referencia a través del que los propósitos de Dios se realizan en cada generación.

FAMILIAS PROFÉTICAS DE LA BIBLIA

Asimismo David y los jefes del ejército apartaron para el ministerio a los hijos de Asaf, de Hemán y de Jedutún, para que profetizasen con arpas, salterios y címbalos; y el número de ellos, hombres idóneos para la obra de su ministerio, fue:

De los hijos de Asaf: Zacur, José, Netanías y Asarela, hijos de Asaf, bajo la dirección de Asaf, el cual profetizaba bajo las órdenes del rey.

De los hijos de Jedutún: Gedalías, Zeri, Jesaías, Hasabías, Matatías y Simei; seis, bajo la dirección de su padre Jedutún, el cual profetizaba con arpa, para aclamar y alabar a Jehová.

De los hijos de Hemán: Buquías, Matanías, Uziel, Sebuel, Jeremot, Hananías, Hanani, Eliata, Gidalti, Romantiezer, Josbecasa, Maloti, Hotir y Mahaziot.

Todos éstos fueron hijos de Hemán, vidente del rey en las cosas de Dios, para exaltar su poder; y Dios dio a Hemán catorce hijos y tres hijas.

—1 CRÓNICAS 25:1-5

No solamente puede la Palabra del Señor venir a su familia, sino que su familia también puede ser profética. Hay ejemplos de familias proféticas en la Escritura. Había tres familias proféticas en el tabernáculo de David: las familias de Asaf, Jedutún y Hemán. Estas familias ministraban en música y canto en el tabernáculo. Estas eran familias musicales que ministraban proféticamente en adoración.

Les llamo a estas familias proféticas que ministraban delante del arca del Señor. Hemán, el vidente del rey, tenía catorce hijos y tres hijas. Estos hijos fueron influenciados por su padre y también llevaban un espíritu profético. Podemos ver que habían ciertas familias bajo el antiguo pacto que tenían dones especiales, incluyendo música y profecía. Esto se expande grandemente bajo el nuevo pacto, donde todos tienen acceso al Espíritu Santo y sus dones a cierto grado. Ahora todas las familias de la tierra pueden ser benditas.

> Y después de esto derramaré mi Espíritu sobre *toda* carne, y profetizarán vuestros hijos y vuestras hijas; vuestros ancianos soñarán sueños, y vuestros jóvenes verán visiones.
> —Joel 2:28, énfasis añadido

Joel estaba profetizando acerca del nuevo pacto. El nuevo pacto es un pacto del Espíritu Santo. Joel enfatiza los hijos y las hijas. El Espíritu Santo es derramado sobre las familias.

Deberíamos esperar que nuestros hijos e hijas profeticen. La profecía es una parte importante del nuevo pacto. El derramamiento del Espíritu Santo en Pentecostés fue el cumplimiento de la profecía de Joel que enfatizó la bendición de los hijos e hijas.

> Porque para vosotros es la promesa, y para vuestros hijos, y para todos los que están lejos; para cuantos el Señor nuestro Dios llamare.
> —Hechos 2:39

Dios no solamente salva familias sino que también bautiza familias con el Espíritu Santo. El bautismo del Espíritu Santo es la puerta al plano profético.

> Este tenía cuatro hijas doncellas que profetizaban.
> —Hechos 21:9

Felipe tenía cuatro hijas que profetizaban. Qué familia profética tan poderosa. Esto no debería ser poco usual. El Espíritu Santo está disponible para individuos y familias.

Los niños que crecen en una atmósfera de lo profético pueden recibir y recibirán una impartición. Los niños llevan la unción profética a la siguiente generación. El pacto de Dios es de generación en generación. Los niños deberían ser animados a operar en el plano profético. Los padres proféticos entrenan y cultivan niños proféticos.

> Y levanté de vuestros hijos para profetas, y de vuestros jóvenes para que fuesen nazareos. ¿No es esto así, dice Jehová, hijos de Israel?
>
> —Amós 2:11

Israel, el pueblo del pacto de Dios, vio a sus hijos ser levantados como profetas. También nosotros deberíamos esperar que Dios levantara a nuestros hijos para hablar la palabra del Señor.

> Mientras aún hablaba Pedro estas palabras, el Espíritu Santo cayó sobre todos los que oían el discurso.
>
> —Hechos 10:44

La casa de Cornelio fue bautizada en el Espíritu Santo después de escuchar la predicación de Pedro. Este es un ejemplo de una familia llena del Espíritu. Las familias llenas del Espíritu serán un gran testimonio en la comunidad. Estas familias pueden liberar la palabra del Señor a sus amigos y comunidades. Estas familias serán una gran bendición para las iglesias locales también.

Derramamiento profético

Un derramamiento es un fluir grande o llenura. El derramamiento genera un desbordamiento. El desbordamiento habla de abundancia. El derramamiento del Espíritu Santo suelta una abundancia de gracia espiritual y dones en el nuevo pacto. Hay una abundancia de bendición para cada familia.

Cada familia puede recibir una abundancia de gracia y dones a causa de este derramamiento. Cada miembro de una familia puede caminar en lo profético hasta cierto grado. Los sueños, las visiones, declarar, orar, alabar, adorar, la música, la danza, la consejería, predicar y enseñar, todos pueden ser aspectos del plano profético. Dios da liberalmente y en abundancia.

No hay límite para el poder que puede operar a través de una familia. El Nuevo Pacto abre el camino para que todos prosperen y profeticen.

Instruya a sus hijos en las cosas del Espíritu

> Instruye al niño en su camino, y aun cuando fuere viejo no se apartará de él.
> —Proverbios 22:6

Los niños deberían ser instruidos en las cosas del Espíritu. Deberían ser instruidos y soltados en lo profético. El Nuevo Pacto derrama el Espíritu Santo en todos los creyentes, y eso incluye a nuestros hijos. Instruimos a nuestros niños para ministrar en el Espíritu en nuestras iglesias locales. No solamente entretenemos a nuestros hijos y los mantenemos ocupados mientras que sus padres asisten a la iglesia. Creemos que nuestras familias deberían ser salvas y moverse en el Espíritu.

> El joven Samuel ministraba a Jehová en presencia de Elí; y la palabra de Jehová escaseaba en aquellos días; no había visión con frecuencia.
> —1 Samuel 3:1

Samuel comenzó a ser instruido por el Señor a una edad joven. Creció para ser uno de los profetas más grandes de Israel. Entonces comenzó a instruir a profetas emergentes en Israel. Desarrolló una escuela para los profetas, e incrementó grandemente el nivel profético en Israel.

Se le puede enseñar a los niños a ministrar al Señor. Ministrar al Señor crea una atmósfera para la operación de la profecía. Las iglesias deberían ser lugares para ministrar al Señor. Los hijos y las familias que viven en este tipo de atmósfera pueden esperar operar en una dimensión profética mayor.

LAS IMPLICACIONES PROFÉTICAS
DEL DESTINO Y LA FATALIDAD

Dios llama individuos y familias. Los individuos tienen un destino y también las familias. Me encanta buscar la etimología de las palabras. Considere estas definiciones:

- Destino: "propósito, motivo, hado, destino; lo que ha sido destinado", sustantivo de uso preposición femenina *de predeterminación*, del latín *destinare* "afirmar, establecer" (vea *destino*). El sentido es de "aquello que ha sido firmemente establecido", como por *el hado*.[1]

- Fatalidad o hado: "declaración profética, oráculo, predicción", por lo tanto, "lo que ha sido ordenado, destino, hado", literalmente "cosas habladas (por los dioses)", "hablar" [...] El sentido de la evolución en latín proviene de "sentencia de los dioses" (en griego *theosphaton*) "repartir, dividir" (en griego *moira*, personificado como una diosa en Homero), también "una de tres diosas (Clotho, Lachesis y Atropos) quienes determinaban el curso de la vida humana".[2]

En cualquier caso note que *destino* y *fatalidad* están conectados a lo profético, incluso en un sentido pagano. Gracias a Dios por el *verdadero* ministerio profético.

Cuando pensamos en el destino, usualmente pensamos en individuos, pero también hay un destino colectivo. La familias también pueden tener destino y propósito. La palabra profética se debería pronunciar sobre familias así como sobre individuos.

Me encanta profetizar sobre familias. Me encanta ministrar a los padres y a los hijos. Cada individuo en la familia tiene un propósito y un destino, y la familia también tiene un propósito y un destino.

> Y llamó Jacob a sus hijos, y dijo: Juntaos, y os declararé lo que os ha de acontecer en los días venideros.
>
> —GÉNESIS 49:1

> Esta es la bendición con la cual bendijo Moisés varón de Dios a los hijos de Israel, antes que muriese.
>
> —DEUTERONOMIO 33:1

Otro ejemplo de destino individual y colectivo se puede ver a través de las profecías de Jacob y Moisés sobre los hijos de Israel. Israel como nación tenía un destino, pero cada tribu también tenía un destino.

Cada hijo recibió una bendición profética que moldeó su destino. Los propósitos de Dios funcionaron en estas tribus hasta la venida de Mesías [Cristo]. Esto muestra el poder de la palabra profética sobre familias y generaciones. Los padres llenos del Espíritu deberían imponer manos sobre sus hijos y profetizar. Las iglesias también deberían brindar ministerio profético a las familias y enseñarles a las familias cómo fluir proféticamente.

Las familias deberían ser alentadas a operar en la plenitud del Espíritu Santo. No es suficiente que una persona de la familia sea ungida. Dios va a ungir a todos. Esta es la bendición del pacto. El Nuevo Pacto abre el camino para que el Espíritu Santo convenza, atraiga y unja individuos y familias. Créale a Dios a favor de su familia.

> Envió su palabra, y los sanó, y los libró de su ruina.
>
> —SALMOS 107:20

Y extendió JEHOVÁ su mano y tocó mi boca, y me dijo
JEHOVÁ: He aquí he puesto mis palabras en tu boca.

—JEREMÍAS 1:9

DECLARÉ LA PALABRA PROFÉTICA DEL
SEÑOR PARA SER SOLTADA SOBRE SU FAMILIA

Señor, derrama tu Espíritu sobre mi familia, y que los hijos y las
hijas profeticen.

Señor, pon tus palabras en la boca de mi simiente y en la simiente
de mi simiente.

Que los miembros de mi familia hablen tus palabras con confianza
y atrevimiento.

Que el espíritu de profecía sea soltado sobre los miembros de mi
familia en el nombre de Jesús.

Que los miembros de mi familia tengan sueños y visiones por el
Espíritu del Señor.

Que los dones del Espíritu Santo sean soltados en abundancia a los
miembros de mi familia.

Que mi familia sea establecida en la iglesia y sea usada por ti para
ministrar proféticamente.

La Palabra del Señor ha sido hablada a todos los que son de mi familia (Hechos 16:32).

Que la Palabra del Señor venga a mi familia (Salmos 107:20).

La palabra del Señor será difundida en mi familia (Hechos 13:49).

Mi familia será contada según la Palabra del Señor (Números 3:16).

Mi familia va a oír la Palabra del Señor (2 Reyes 20:16).

Porque recta es la palabra del Señor sobre mi familia, y toda su obra es hecha con fidelidad (Salmos 33:4).

Crece y prevalece poderosamente la Palabra del Señor en mi familia (Hechos 19:20).

El Señor se manifestará a mi familia por la Palabra del Señor (1 Samuel 3:21).

Acrisolada es la Palabra del Señor en mi familia. Escudo es a todos nosotros que en él esperamos (2 Samuel 22:31).

Mi familia irá y hará conforme a la Palabra del Señor (1 Reyes 17:5).

Mi familia consultará hoy la Palabra del Señor (1 Reyes 22:5).

La Palabra del Señor pone a prueba a mi familia (Salmos 105:19; NBLH).

La Palabra del Señor viene a mi familia ahora (Jeremías 17:15).

La Palabra del Señor permanece para siempre. Y esta es la Palabra que por el evangelio le será anunciada a mi familia (1 Pedro 1:25).

Mi familia hará todas las palabras que el Señor ha dicho (Éxodo 24:3).

La Palabra del Señor viene a mi familia diciendo: No temas; yo soy tu escudo, y tu galardón será sobremanera grande" (Génesis 15:1).

Que la Palabra del Señor no escasee entre mi familia. Que haya visión con frecuencia (1 Samuel 3: 1).

La Palabra del Señor es verdad en la boca de mi ser querido (1 Reyes 17:24).

La Palabra del Señor está con mi familia (2 Reyes 3:12, NBLH).

Las palabras del Señor sobre mi familia son palabras limpias, como plata refinada en horno de tierra, purificada siete veces (Salmos 12:6).

Que mi familia reciba la Palabra del Señor para que pueda tener sabiduría (Jeremías 8:9).

Que la Palabra del Señor corra y sea glorificada en mi familia (2 Tesalonicenses 3:1).

Mi familia dará oídos a la Palabra del Señor (Jeremías 6:10).

Las mujeres de mi familia oirán la Palabra del Señor, y recibirán la Palabra de su boca (Jeremías 9:20).

Las mujeres de mi familia oirán la Palabra del Señor, y recibirán la Palabra de su boca (Jeremías 27:18).

Con todo eso, mi familia oirá la Palabra del Señor: No morirás a espada (Jeremías 34:4).

Mi familia no sufrirá hambruna de escuchar las Palabras del Señor, en el nombre de Jesús (Amós 8:11).

Mi familia irá a la tierra de nuestra posesión, que hemos obtenido por mandato del Señor (Josué 22:9).

7

LA REVELACIÓN DE JOSUÉ 1:8

Nunca se apartará de tu boca este libro de la ley, sino que de día y de noche
meditarás en él, para que guardes y hagas conforme a todo lo que en él está
escrito; porque entonces harás prosperar tu camino, y todo te saldrá bien.

—JOSUÉ 1:8

E N SALMOS 25:14 Dios revela su promesa para mostrar su pacto a los que lo temen. Una revelación del pacto es una de las revelaciones más importantes que podamos tener. Meditar en el pacto es una parte importante de recibir esta revelación.

La revelación suelta las llaves del Reino. Jesús le dio a Pedro las llaves del Reino después de que recibió la revelación de que Cristo es el Hijo de Dios. La revelación suelta autoridad y poder. La revelación del pacto generará gran poder y autoridad para ser soltados en su vida. La revelación abre la Palabra de Dios y hace que usted vea lo que está escondido del ojo natural. La revelación le dará entendimiento de los misterios de Dios. Usted comenzará a caminar en un nivel de comprensión que no es común sin revelación.

Hay muchos creyentes que nunca han escuchado una enseñanza sobre el pacto y su poder en nuestra vida. El pacto es lo que hizo que Dios actuara a favor de Abraham y su simiente. Usted tiene un pacto con Dios a través de Jesucristo que hace que Dios actúe a su favor. No subestime el poder de este pacto.

Entre más medite y escuche enseñanza sobre el pacto, más fe tendrá en él. Creo que este libro lo está ayudando a entender el pacto y cómo aplicarlo a su familia. Dios lo ama, y ama a los que están conectados con usted. Su pacto con usted hará que el Señor actúe a favor de sus seres queridos. Dios está preocupado por usted y por lo que le preocupa. Sus preocupaciones se volverán suyas a causa del pacto.

Usted no está solo en la vida. Usted tiene un compañero de pacto. Usted no tiene que luchar solo en la vida. Usted verá muchas victorias a medida que comprenda y camine en fe con su pacto.

Dios desea que usted entienda el pacto. Dios quiere revelársele. Dios abrirá sus ojos al poder de su pacto con usted si se lo pide. Profundice en la Palabra. Profundice en el pacto. Conozca los derechos que tiene en el pacto y lo que le pertenece a usted y a su familia a través de Jesucristo. No viva por debajo de sus privilegios. Crea y reciba todo lo que tiene como resultado del pacto que usted tiene a través de Jesucristo. La meditación será primordial para que esto suceda con un valor perdurable.

LA MEDITACIÓN: LA LLAVE A LA PROSPERIDAD Y EL ÉXITO

Josué 1:8 nos da una clave para hacer prosperar nuestro camino y que todo nos salga bien: *meditar en la Palabra día y noche*. Esto requiere disciplina, pero dará un excelente rendimiento si se hace de manera constante. La prosperidad es el beneficio clave de estar en pacto con Dios.

En el Antiguo Testamento, hay varias palabras hebreas para la palabra *meditar*, pero la palabra principal es la palabra *hagah*, que literalmente significa "murmurar".

Hagah ha sido traducida como "pronunciar" (Job 27:4, Isaías 59:3), como "susurrar" (Isaías 8:19), como "meditar" (Josué 1:8; Salmos 1:2; 63:6; 77:12; 143:5), como "decir" (Isaías 33:18). También ha sido traducida como "hablar" (Salmos 35:28; 37:30; 71:24; 115:7; Proverbios 8:7; 24:2) y como "derramar" palabras (Proverbios 15:28).

Se puede notar por estas Escrituras que la meditación

indica el uso de la boca como un instrumento para murmurar o hablar la Palabra de Dios.[1]

Murmurar y meditar la Palabra de Dios, hasta que se haga vida en nuestro espíritu, es la clave para hacer realidad las promesas de Dios. Murmurar (en hebreo *hagah*: murmurar) en la Palabra de Dios día y noche es semejante a un árbol plantado en las corrientes de aguas, absorbiendo y chupando agua en su sistema a través de sus raíces (Salmos 1:3).

> Josué 1:8 dice: "Nunca se apartará de tu boca este libro de la ley". Esto no significa que usted tenga que mantener la Palabra en su boca, sino más bien que debe hablarla con su boca. [La Palabra] no debe estar lejos de sus labios en ningún momento. Háblela continuamente. Todos sabemos cómo murmurar. Murmurar significa decir cosas en voz queda o baja, hablándose a sí mismo, sin la intención de que la gente presente lo escuche. Usted puede murmurar mientras está conduciendo su coche, o mientras va de compras.[2]

La palabra hebrea para *meditar* que se encuentra en Josué 1:8 es traducida como "hablar" en los siguientes versículos:

- "Porque mi boca hablará verdad" (Proverbios 8:7).
- "Y mi lengua hablará de tu justicia y de tu alabanza todo el día" (Salmos 35:28).
- "La boca del justo habla sabiduría, y su lengua habla justicia" (Salmos 37:30).[3]

Dennis Burke ha escrito un gran libro llamado *Cómo meditar en la Palabra de Dios*. Su enseñanza asemeja la meditación a rumiar:

> Meditar significa "reflexionar, considerar y estudiar con profundidad". Este es el aspecto de la meditación del que

la mayoría de la gente está al tanto: apropiarse de una promesa o una verdad y pensar en ella una y otra vez; no pensar en ella una vez tras otra para memorizarla, sino para exprimirle toda la riqueza; pensar en ella y permitirle que lave su hombre interior.

La ilustración más vívida que le puedo dar de meditar es una vaca rumiando. Una vaca pasta, encuentra abundancia de pasto sabroso, lo mastica y finalmente lo traga. Más tarde, regresa el pasto masticado para masticarlo de nuevo (sé lo que está pensando... ¡pero tiene que admitir que es un buen ejemplo!). Cada vez que la vaca regresa lo que está rumiando y lo mastica lo está refinando y haciéndolo más y más una parte de su sistema. Al masticarlo le saca todos los nutrientes; los tallos y cañas son removidos hasta que es consumido por su cuerpo.

Este es el ejemplo más descriptivo y poderoso de meditación. Trate la Palabra de Dios al igual que rumia la vaca. Aliméntese de una Escritura una y otra vez, tráguesela, regrésela y repásela una y otra vez. Cada vez que usted la mastique, está extrayéndole los nutrientes, haciéndola cada vez más una parte de su ser.[4]

Los animales que rumian se alimentan, tragan y luego lo regresan para volver a masticarlo. De esta manera obtienen todos los nutrientes de lo que comen y digieren la comida en su sistema de una manera más completa. Masticar es por supuesto importante para la buena salud y la digestión. ¿Cuántas veces nos han dicho nuestros padres que mastiquemos bien nuestra comida?

La meditación es el proceso de masticar la Palabra. Tomamos una Escritura, la hablamos, pensamos en ella, y luego lo volvemos a hacer. Esta es la manera bíblica de absorber la Palabra en nuestro sistema, y de recibir revelación y entendimiento. *Meditar* significa "cavilar, regurgitar, pensar en voz alta, considerar continuamente y pronunciar algo una y otra vez".

Esto es exactamente lo que necesitamos hacer con la Palabra de Dios.

> No fue sin significado que los animales del Antiguo Testamento eran considerados limpios para comer si tenían pezuñas hendidas y rumiaban (Levítico 11:3). Por analogía, podríamos decir que una persona que "rumia" en relación con la Palabra de Dios es limpiada y hecha fructífera por la Palabra (Juan 15:3, 7); así como la gloriosa iglesia de Cristo es limpiada por el lavamiento del agua por la Palabra (Efesios 5:26).[5]

> La vaca es un animal con cuatro compartimentos en su estómago, el mayor de los cuatro es el rumen, por lo cual estos animales son llamados rumiantes. Las ovejas, las cabras, el bisonte y el venado son ejemplos de rumiantes y esta información también les concierne. El rumen funciona a semejanza de una gran tina de fermentación. Dentro de esta tina hay bacterias y protozoarios que son celulíticos, lo cual significa que son capaces de digerir celulosa, que es el componente principal de las paredes celulares de las plantas. El animal huésped, en este caso la vaca, provee el ambiente para estos microbios y estos a su vez ayuden a la digestión de componentes de plantas que el huésped no podría utilizar de otro modo. Estos microbios también continúan hacia el interior del tracto digestivo del animal donde son digeridos como parte de la proteína de la dieta del animal. Los animales monogástricos o con un solo estómago como los humanos y los cerdos no tienen esta relación simbiótica operando a esta magnitud y no pueden aprovechar el tipo de plantas que el ganado suele comer.

Así que en el ganado, se muerden partículas de comida, se mastican hasta cierto grado y se tragan. Una vez que un rumiante ha comido, tranquilamente se quedará de pie o recostado mientras "rumia". Digo tranquilamente porque si uno está "rumiando" está en calma. Lo que rumian de hecho es una porción de comida regurgitada que necesita ser reducida a una partícula más pequeña para ser digerida en el rumen o más allá.[6]

Rumiación: una vaca mastica algo y lo guarda para después. La vaca rumia en perfecta sincronía sin desperdicio. Le exprime y le extrae los nutrientes. Nos transferimos la vida de Cristo de una manera similar.

El diccionario define "meditar" como "pensar en algo profundamente, reflexionar o cavilar en ello".

No obstante la definición de "meditar", no es solamente meditar en algo sino comentarlo, rumiarlo, a semejanza de una vaca que rumia.[7]

"Meditar": la palabra hebrea *siyach* significa poner delante, meditar, cavilar, abrir la mente, hablar, quejarse, ponderar, cantar, quejarse, estudiar, decir. Su meditación también es de lo que usted habla, murmura, canta, se queja o pondera.

Escucha, oh JEHOVÁ, mis palabras; considera mi gemir.
—SALMOS 5:1

Mi meditación está conectada con las palabras de mi boca.

Sean gratos los dichos de mi boca y la meditación de mi corazón delante de ti, Oh JEHOVÁ, roca mía, y redentor mío.
—SALMOS 19:14

> Mi boca hablará sabiduría, y la meditación de mi corazón será entendimiento.
>
> —Salmos 49:3, nblh

Mi meditación debe provocar *regocijo*.

> Dulce será mi meditación en él; yo me regocijaré en Jehová.
>
> —Salmos 104:34

Mi meditación es sobre lo que amo.

> ¡Oh, cuánto amo yo tu ley! Todo el día es ella mi meditación.
>
> —Salmos 119:97

Mi meditación da entendimiento.

> Más que todos mis enseñadores he entendido, porque tus testimonios son mi meditación.
>
> —Salmos 119:99

Mi meditación trae éxito.

> Nunca se apartará de tu boca este libro de la ley, sino que de día y de noche meditarás en él, para que guardes y hagas conforme a todo lo que en él está escrito; porque entonces harás prosperar tu camino, y todo te saldrá bien.
>
> —Josué 1:8

Mi meditación es en lo que me deleito.

> Sino que en la ley de Jehová está su delicia, y en su ley medita de día y de noche.
>
> —Salmos 1:2

Mi meditación es en la noche.

Cuando me acuerde de ti en mi lecho, cuando medite en
ti en las vigilias de la noche.

—Salmos 63:6

La meditación descubre y
libera la sabiduría de Dios

Josué 1:8 es el único lugar en el que se encuentra la palabra *éxito* en la
versión King James en inglés de la Biblia. Éxito es la palabra hebrea
sakal que significa ser prudente, ser circunspecto, actuar sabiamente,
entender, prosperar, poner atención, considerar, ponderar, tener perspectiva y comprensión.[8]

Podemos ver por este versículo que la meditación está conectada
con la *sabiduría*. La meditación lo ayudará a accesar la sabiduría de
Dios. La clave para el éxito es la sabiduría.

La sabiduría es uno de los mayores beneficios de meditar en la
Palabra de Dios.

Sabiduría ante todo; adquiere sabiduría; y sobre todas tus
posesiones adquiere inteligencia.

—Proverbios 4:7

La Nueva Biblia Latinoamericana de Hoy lo dice de esta manera:

Lo principal es la sabiduría; adquiere sabiduría, y con
todo lo que obtengas adquiere inteligencia.

—Proverbios 4:7, nblh

La sabiduría es lo mejor, la sabiduría es suprema. La sabiduría es lo
primero y lo más importante que necesita para tener éxito en la vida.

Bienaventurado el hombre que halla la sabiduría, y que
obtiene la inteligencia; porque su ganancia es mejor que la
ganancia de la plata, y sus frutos más que el oro fino. Más
preciosa es que las piedras preciosas; y todo lo que puedes

desear, no se puede comparar a ella. Largura de días está en su mano derecha; en su izquierda, riquezas y honra. Sus caminos son caminos deleitosos, y todas sus veredas paz. Ella es árbol de vida a los que de ella echan mano, y bienaventurados son los que la retienen.

—Proverbios 3:13-18

Estos versículos enfatizan el valor de la sabiduría. Es más preciosa que las piedras preciosas. Nada se compara con la sabiduría. La sabiduría de como resultado una larga vida. La sabiduría le trae riquezas y honor. La sabiduría lleva a la paz. La sabiduría promueve la felicidad. Eso es lo que la meditación bíblica producirá en su vida. La sabiduría produce riquezas y honor. La sabiduría lo llevará a heredar sustancia. La sabiduría llenará sus tesoros. (Vea Proverbios 8:18-21).

Porque el que me halle, hallará la vida, y alcanzará el favor de Jehová (Proverbios 8:35). Esto también se encuentra en línea con los beneficios de estar en un pacto con Dios.

Enséñele a sus hijos a meditar en las promesas de pacto de Dios

La promesas de pacto requieren obediencia y santidad. Los niños necesitan ser enseñados para caminar en los caminos del Señor. Asegure la permanencia del pacto en su familia en generaciones por venir al instruir a sus hijos a meditar en la Palabra de Dios.

Porque yo sé que mandará a sus hijos y a su casa después de sí, que guarden el camino de Jehová, haciendo justicia y juicio, para que haga venir Jehová sobre Abraham lo que ha hablado acerca de él.

—Génesis 18:19

Y las enseñaréis a vuestros hijos, hablando de ellas cuando te sientes en tu casa, cuando andes por el camino, cuando te acuestes, y cuando te levantes, y las escribirás en los postes de tu casa, y en tus puertas; para que sean vuestros días, y los días de vuestros hijos, tan numerosos sobre la tierra que JEHOVÁ juró a vuestros padres que les había de dar, como los días de los cielos sobre la tierra.

—DEUTERONOMIO 11:19-21
(VEA TAMBIÉN DEUTERONOMIO 6:7-9)

Instruye al niño en su camino, y aun cuando fuere viejo no se apartará de él.

—PROVERBIOS 22:6

Y vosotros, padres, no provoquéis a ira a vuestros hijos, sino criadlos en disciplina y amonestación del Señor.

—EFESIOS 6:4

DECLARE LOS BENEFICIOS DE LA MEDITACIÓN PARA LA REVELACIÓN DEL PACTO SOBRE SU FAMILIA

Mi familia meditará en todas las obras del Señor, y hablará de sus hechos (Salmos 77:12).

Mi familia meditará en los mandamientos del Señor; y considerará sus caminos (Salmos 119:15).

Príncipes también se sentaron y hablaron contra mi familia; mas nosotros meditamos en los estatutos del Señor (Salmos 119:23).

Sean avergonzados los soberbios, porque sin causa me han calumniado; pero yo meditaré en tus mandamientos (Salmos 119:78).

En toda la noche mi familia no pega los ojos, para meditar en tu promesa (Salmos 119:148, NVI).

Mi familia reflexionará sobre estas cosas; nos dedicaremos a ellas, para que nuestro aprovechamiento sea evidente a todos (1 Timoteo 4:15).

¡Oh, cuánto amo yo tu ley! Todo el día es ella mi meditación (Salmos 119:97).

En la ley de Jehová está la delicia de mi familia, y en su ley medita de día y de noche (Salmos 1:2).

A mi familia el Señor le hará entender el camino de sus mandamientos, para que meditemos en sus maravillas (Salmos 119:27).

Mi familia se acordará de los días antiguos; meditará en todas las obras del Señor; reflexionaremos en las obras de tus manos (Salmos 143:5)

Mi familia alzará asimismo sus manos a los mandamientos del Señor que hemos amado, y meditaremos en sus estatutos (Salmos 119:48).

Será escrito un libro de memoria para mi familia que teme al Señor y piensa en su nombre (Malaquías 3:16).

Mi familia meditará en este Libro de la Ley de día y de noche (Josué 1:8).

8

CONTIENDA POR EL PACTO A TRAVÉS DEL AYUNO Y LA ORACIÓN

El día veinticuatro de ese mes los israelitas se reunieron para
ayunar, se vistieron de luto y se echaron ceniza sobre la cabeza
[...] »Por todo esto, nosotros hacemos este pacto y lo ponemos por
escrito, firmado por nuestros gobernantes, levitas y sacerdotes.»

—NEHEMÍAS 9:1, 38, NVI

AYUNAR ES UNA manera en la que podemos renovar el pacto con el Señor. El ayuno ayuda a que los creyentes caídos sean restaurados. Ayunar es una parte de renovar nuestro compromiso con las cosas de Dios. Ayunar tiene grandes recompensas. Muchos creyentes no están al tanto de las grandes recompensas que vienen a través del ayuno. Comprender los grandes beneficios de ayunar motivará a más creyentes a hacer de esta práctica una parte regular de su vida.

Ayunar también es una de las maneras de incrementar la unción del que abre caminos. ¿Hay cosas en su vida o en la vida de sus familiares que necesitan ser rotas? Ayunar puede soltar la unción del que abre caminos. El profeta Miqueas profetizó que vendría el día del que abre caminos delante de su pueblo. Estamos viviendo en los días del que abre caminos.

> Subirá el que abre caminos delante de ellos; abrirán camino y pasarán la puerta, y saldrán por ella; y su rey pasará delante de ellos, y a la cabeza de ellos JEHOVÁ.
> —MIQUEAS 2:13

El Señor es un abridor de caminos y brechas. Es capaz de atravesar cualquier obstáculo u oposición a favor del pueblo de su pacto. Hay una unción del que abre caminos levantándose sobre la Iglesia. Estamos viendo y experimentando más avances que nunca antes. Ayunar provocará que los avances continúen en las familias, las ciudades, las naciones, las finanzas, el crecimiento de la iglesia, salvación, sanidad y liberación. Ayudará a los creyentes a abrirse paso a través de toda la oposición del enemigo.

Hay algunos espíritus operando en nuestras familias que no pueden ser vencidos sin ayunar. Algunos creyentes luchan con ciertas limitaciones por las que al parecer no pueden abrirse camino. Una revelación de cómo operan el pacto y el ayuno de la mano cambiará esto y dará como resultado victorias que no se podrían haber obtenido de manera ordinaria. Una vida de ayuno constante llevará a que se manifiesten muchas victorias. La voluntad de Dios es que los creyentes de su pacto vivan una vida de victoria y perfecta paz sin que nada sea imposible para ellos.

Como aprendemos de Mateo 17:21, hay espíritus necios que solamente responden al ayuno y la oración. Estos tienden a ser fortalezas generacionales que se abrazan con tenacidad de las familias y naciones por años. El ayuno romperá estas fortalezas. Estas fortalezas incluyen pobreza, enfermedad, brujería, impureza sexual, orgullo, temor, confusión y problemas matrimoniales. Ayunar ayudará a un creyente a vencer estas fortalezas y liberarse de sus limitaciones.

Acérquese al ayuno
con humildad y sinceridad

En los tiempos de Jesús los fariseos ayunaban con actitudes de orgullo y superioridad:

> El fariseo, puesto en pie, oraba consigo mismo de esta manera: Dios, te doy gracias porque no soy como los otros hombres [...] ayuno dos veces a la semana...
>
> —LUCAS 18:11-12

Este acercamiento no es aceptable a Dios. El ayuno debe ser genuino y no religioso o hipócrita. Dios requiere humildad y sinceridad al ayunar. Debemos tener los motivos correctos al ayunar. Ayunar es una herramienta poderosa si se hace correctamente. Los musulmanes y los hindúes ayunan, pero sus ayunos son meramente religiosos.

Isaías capítulo 58 describe el ayuno escogido por Dios:

- No se debe ayunar para complacerse a sí mismo (v. 3).

- No se debe ayunar y maltratar a otros al mismo tiempo (v. 3).

- No se debe ayunar por contienda o pleito (v. 4).

- El ayuno debe llevar a que uno incline su cabeza en humildad, como junco (v. 5).

- El ayuno debería ser un tiempo de afligir el alma y arrepentirse.

- El ayuno se debe realizar con una actitud de compasión por los perdidos y los quebrantados (v. 7).

Este es el ayuno que Dios promete bendecir.

El enemigo conoce el poder de la oración y el ayuno, y hará todo lo que esté en su poder para detenerlo. Los creyentes que comiencen a ayunar pueden esperar encontrarse con mucha resistencia espiritual. El creyente debe estar comprometido con un estilo de vida de ayuno. Las recompensas de ayunar sobrepasan los obstáculos del enemigo.

Cómo ayunar

Ayunar es beneficioso sea que ayune parcialmente o totalmente. Los ayunos constantes de un día fortalecerán su espíritu a lo largo del tiempo y le darán la habilidad de disciplinarse para ayunos más largos. Los ayunos de tres días con solo agua son una manera poderosa de ver victorias. Los ayunos más largos a tres días se deben llevar a cabo por personas con más experiencia en ayunar.

No recomiendo los ayunos largos a menos que haya una emergencia o uno sea guiado por el Espíritu Santo para hacerlo. Daniel ayunó veintiún días y vio un gran avance para su pueblo (Daniel 9-10). Daniel también era un profeta, y Dios va a usar profetas para ayunar por diferentes razones para ver avances. Jesús ayunó durante cuarenta días antes de comenzar su ministerio. Conozco personas que han ayunado cuarenta días y que han visto grandes victorias.

Un ayuno parcial que incluye algunos alimentos como verduras se puede hacer por varios días. Los ayunos completos consisten en tomar solo agua; y el agua es importante para limpiar el organismo de las toxinas que se liberan al ayunar. El Espíritu Santo le revelará cuando necesite ayunar. Un estilo de vida de ayuno es un estilo de vida poderoso.

Los beneficios de ayunar por un avance en su familia

Como ya hemos hablado, al usted andar en pacto con Dios, tiene la promesa de que será salva toda su casa. Pero si quiere que su familia manifieste todos los beneficios y bendición del pacto, también puede comenzar a ayunar y a orar por el avance en las muchas áreas en las que su familia tiene luchas. El ayuno romperá la pobreza, la enfermedad, la división y la contienda, la impureza sexual, el orgullo, el temor, la confusión, los círculos viciosos y más en su familia. Esto es lo que usted puede esperar ver como creyente del pacto que ayuna por su familia.

Ayunar romperá el espíritu de pobreza en su familia, y preparará el camino para la prosperidad (Joel 2:15, 18-19, 24-26).

El profeta Joel le dio a la gente la respuesta apropiada para la invasión de langostas. La langosta representa a los demonios que devoran. La langosta representa a los espíritus de pobreza y carencia. Las langostas habían venido sobre Israel y devoraron la cosecha. Joel alentó a la gente a que ayunara y se arrepintiera. Dios prometió escuchar su oración y responder a través de enviarles grano, vino y aceite.

El grano, el vino y el aceite representan la prosperidad, una de las señales de caminar en pacto con Dios. Ayunar rompe el espíritu de pobreza y suelta el espíritu de prosperidad. He visto cantidades incontables de creyentes luchar en el área de sus finanzas. La prosperidad es elusiva para muchos. Esto es porque los demonios de pobreza no han sido atados mediante ayuno y oración.

En Deuteronomio 8:3, 7-9, 18 Dios permitió que la gente pasara hambre en el desierto al alimentarlos solamente con maná. Comieron maná durante cuarenta años. Esto precedió a su entrada a la Tierra Prometida. El ayuno ayuda a preparar al creyente para la buena tierra. Esta es una tierra sin escasez. Esta es una tierra sin carencias. Ayunar aflige el alma (Salmos 35:13). Dios recompensa a los que ayunan (Mateo 6:18). Se sueltan tremendas bendiciones para los que entienden el poder de ayunar y lo hacen.

Ayunar es una de las maneras en las que podemos romper fortalezas generacionales de pobreza. Ayunar prepara al creyente para la prosperidad al llevarlo a una posición de humildad. Dios ha prometido exaltar al humilde (1 Pedro 5:6). La promoción financiera es parte de esta exaltación. Dios da gracia (favor) al humilde (Santiago 4:6). El favor es una parte de la prosperidad financiera.

Ayunar suelta la gracia y el favor sobre la vida de una persona. Esto romperá el ciclo de pobreza y fracaso.

Ayunar romperá el poder del temor que oprime a los miembros de su familia (Joel 2:21).

¿Desea ver que sucedan grandes cosas en su vida y en su familia? El Señor desea hacer grandes cosas por el pueblo de su pacto. Ayunar romperá el espíritu de temor en su vida y en la vida de su familia y preparará el camino para que sucedan grandes cosas. Estas grandes cosas incluyen señales y maravillas.

Ayunar liberará al Espíritu Santo e incrementará la unción profética en su familia (Joel 2:28).

En el capítulo 6 hablé acerca del poder de las familias proféticas. Ayunar ayudará a liberar el poder de la unción profética sobre su familia a través del Espíritu Santo. Esta es una de las mayores promesas dadas por el profeta Joel, de que Dios derramaría su Espíritu sobre su familia, y que profetizarían, soñarían sueños y verían visiones. Esta es la promesa del derramamiento del Espíritu Santo en los postreros días. Ayunar ayuda a soltar la manifestación de la profecía. Ayunar también ayuda a liberar visiones y sueños. La Palabra del Señor es salud y vida para el núcleo familiar.

Ayunar romperá la fortaleza de impureza sexual operando en su familia.

El pecado sexual es uno de los pecados más difíciles de romper. Muchos creyentes luchan con lujuria generacional que ha sido pasada a través de los linajes familiares. Los espíritus de lujuria generan mucha vergüenza, culpa y condenación. Esto les roba a los creyentes la confianza y denuedo que deberían tener como creyentes. Muchos creyentes luchan con masturbación, pornografía, perversión y fornicación. Ayunar por su familia expulsará esos espíritus generacionales de su vida.

En Jueces 19:22 leemos acerca de algunos hombres de una ciudad que querían tener relaciones sexuales con el huésped de un anciano en esa ciudad. Eran homosexuales que fueron identificados como hijos de Belial. El hombre de la casa trató de desanimarlos y les ofreció a su hija y a la concubina del huésped en su lugar. Los hombres tomaron a la concubina del huésped y abusaron de ella toda la noche. El abuso fue tan severo que murió. Entonces el huésped tomó un cuchillo y cortó a la concubina en doce pedazos y los envió a cada tribu de Israel. Su concubina había sido violada a muerte.

Los hombres que violaron a la concubina eran de la tribu de Benjamín. Los hombres de Israel se juntaron contra la ciudad y pidieron que entregaran a los culpables. Los hijos de Benjamín no quisieron oír y en lugar de ello se reunieron para la batalla. Entonces los hijos de Benjamín destruyeron a veintidós mil hombres de Israel en el primer día (Jueces 20:21), y destruyeron a dieciocho mil el segundo día (v. 25).

> Entonces subieron todos los hijos de Israel, y todo el pueblo, y vinieron a la casa de Dios; y lloraron, y se sentaron allí en presencia de JEHOVÁ, y ayunaron aquel día hasta la noche; y ofrecieron holocaustos y ofrendas de paz delante de JEHOVÁ [...] Y derrotó JEHOVÁ a Benjamín delante de Israel.
> —JUECES 20:26, 35

Israel no pudo vencer a Benjamín hasta que ayunaron. La resistencia de Benjamín implica que había algo demoníaco detrás de ellos. Doce tribus no podían vencer a una tribu por esta resistencia demoníaca. La resistencia fue rota después de ayunar. Esta fue la única manera en que la perversión fue desarraigada de la tribu de Benjamín. Ayunar lo ayuda a usted y a su familia a liberarse de las cadenas de la perversión sexual y la lujuria.

Ayunar va a romper el poder de enfermedad y malestar y soltará sanidad en su familia (Isaías 58:5-6, 8).

Muchas familias sufren de enfermedades hereditarias o gérmenes y bacterias que se pasan de un miembro de la familia al siguiente. La gente siempre está escuchando acerca de que otro miembro de la familia se enfermó. Las enfermedades como cáncer, diabetes, hipertensión, sinusitis y dolor crónico son espíritus de enfermedad que a menudo son generacionales. Ayunar ayuda a eliminar las enfermedades y los malestares crónicos. Dios ha prometido que nuestra recuperación brotará con rapidez.

Ayunar va a liberar la gloria de Dios como su protección (Isaías 58:8, NBLH).

La protección divina es otra promesa de Isaías 58. Dios promete protegernos con su gloria. Ayunar suelta la gloria del Señor, que nos cubre a nosotros y a nuestras familias. Dios ha prometido cubrir a la iglesia con gloria como una defensa (Isaías 4:5). El enemigo no puede penetrar para vencer esta gloria.

Ayunar puede dar como resultado una oración respondida para su familia (Isaías 58:9).

La interferencia demoníaca genera que muchas oraciones sean obstaculizadas. Daniel ayunó veintiún días para abrirse paso a través de la resistencia demoníaca y recibir respuestas a sus oraciones (vea Daniel 10). El príncipe de Persia contuvo las respuestas durante veintiún días. El ayuno de Daniel ayudó a que el ángel se abriera paso para traer las respuestas.

Ayunar provocará que se aceleren muchas respuestas a la oración. Estas incluyen oraciones por salvación de seres queridos y liberación. Ayunar ayuda a romper la frustración de la oración sin respuesta.

Ayunar suelta dirección divina por asuntos que le conciernen a usted y a su familia (Isaías 58:11).

Muchos creyentes tienen dificultades en tomar decisiones correctas con respecto a relaciones, finanzas y ministerio. Esto genera contratiempos y desperdicio de tiempo a causa de sus decisiones tontas. Ayunar ayudará a los creyentes a tomar las decisiones correctas por medio de soltar dirección divina. Ayunar elimina la confusión. Ayunar genera claridad y suelta entendimiento y sabiduría para tomar decisiones correctas.

Se le recomienda ayunar a los que están tomando decisiones importantes como el matrimonio y el ministerio.

Ayunar romperá maldiciones generacionales en su familia (Isaías 58:12).

Muchos de los obstáculos que los creyentes encuentran son generacionales. Las maldiciones generacionales provienen de la iniquidad de los padres. Los pecados generacionales como el orgullo, la rebelión, la idolatría, la hechicería, la participación en lo oculto, la masonería y la lujuria le abren la puerta a los espíritus malos a que operen en las familias a lo largo de generaciones. Los demonios de destrucción, fracaso, pobreza, enfermedad, lujuria y adicción son fortalezas importantes en la vida de millones de personas.

Ayunar ayuda a soltar las ataduras de impiedad. Ayunar deja ir libres a los oprimidos. Ayunar nos ayuda a reconstruir las ruinas antiguas. Ayunar revierte la desolación que proviene del pecado y la rebelión.

Ayunar cierra portillos y trae restauración y reconstrucción a su familia (Isaías 58:12; Nehemías 1:4).

Hay muchos creyentes que necesitan restauración. Necesitan restauración en sus familias, finanzas, relaciones, salud y caminar con el Señor. Ayunar es parte de la restauración.

Ayunar cierra los portillos. Los portillos son brechas en el muro que le dan al enemigo un punto de entrada en nuestra vida. Los portillos necesitan ser reparados y cerrados. Cuando los portillos se cierran el enemigo ya no tiene una abertura por la cual atacar.

Ayunar también nos mantiene en la calzada correcta (Isaías 58:12). Ayunar ayuda a evitar que nos extraviemos por el camino. Ayunar ayudará a los que se han desviado del camino correcto a que regresen. Ayunar es una cura para recaer.

Ayunar nos ayuda a caminar en el buen camino (Proverbios 2:9), por los senderos de la vida (Proverbios 2:19), por veredas de paz (Proverbios 3:17), en las sendas antiguas (Jeremías 6:16), y por las sendas derechas (Hebreos 12:13). Ayunar restaura estas calzadas y nos ayuda a andar en ellas.

En Nehemías 1 vemos que el viaje de Nehemías para restaurar y reconstruir los muros de Jerusalén comenzó con ayuno. El ayuno inició los eventos que hicieron posibles sus planes. Ayunar será un activo para cualquiera con un deseo por ver restauración en la vida de la gente que ha experimentado desolación.

Ayunar ayuda a restaurar y reconstruir los muros de nuestra vida que han sido derribados. Los muros simbolizan la protección y la seguridad. Una ciudad sin murallas está abierta al ataque del enemigo (Proverbios 25:28). Ayunar ayuda a restaurar los muros de salvación (Isaías 60:18). Ayunar ayuda a restaurar los atalayas de los muros (Isaías 62:6).

Ayunar hará que usted y su familia tengan una gran victoria en contra de desventajas abrumadoras (2 Crónicas 20:3).

Josafat estaba enfrentando los ejércitos combinados de Moab, Amón y Edom. Estaba enfrentando una desventaja abrumadora. Ayunar lo ayudó a derrotar esos enemigos. Ayunar nos ayuda a tener victoria en medio de la derrota.

Josafat convocó a un ayuno porque tenía miedo. El temor es

otra fortaleza que muchos creyentes tienen dificultad de vencer. Ayunar romperá el poder del demonio de temor. Los espíritus de terror, pánico, horror, aprehensión y timidez se pueden vencer a través de ayunar. La libertad del temor es un requisito para vivir un estilo de vida victorioso.

El ayuno prepara el camino para usted y sus hijos y los libra de los enemigos que los acechan en el camino (Esdras 8:21, 31).

El profeta Esdras ayunó porqué reconoció el peligro de su misión. Ayunar lo protegerá a usted y a sus hijos de los planes del enemigo. Ayunar detendrá las emboscadas del enemigo. Ayunar hará que su sustancia sea protegida del ataque del enemigo.

Ayunar romperá las potestades de carnalidad, división y contienda en su familia (Filipenses 3:19).

La carnalidad es un problema en muchas familias en el Cuerpo de Cristo. Ser carnal significa ser dado a la carne. Significa pensar en las cosas terrenales. No deberíamos ser controlados por el vientre. Ayunar se lleva el poder del vientre y fortalece el espíritu.

Pensar en las cosas de la carne es muerte. Tener una mentalidad espiritual es vida y paz (Romanos 8:6). La carnalidad provoca división y contienda (1 Corintios 3:3). La carnalidad obstaculiza el crecimiento y la madurez de los creyentes. La carnalidad evita que los creyentes comprendan las verdades más profundas de las Escrituras.

Ayunar ayuda a los creyentes a enfocarse en las cosas espirituales. Ayunar nos libera del poder de la carne. Ayunar incrementa el discernimiento espiritual (1 Corintios 2:15).

Ayunar romperá las potestades de orgullo, rebelión y hechicería en su familia (Salmos 35:13; Job 33:17-20).

La enfermedad puede ser un resultado de la soberbia. El dolor puede ser un resultado de la soberbia. La enfermedad a menudo da como resultado la pérdida del apetito. Este es un ayuno forzado.

Ayunar aflige el alma. Ayunar nos ayuda a vencer al hombre fuerte de la soberbia. El orgullo y la rebelión son espíritus generacionales que a menudo son difíciles de vencer.

La glotonería y la borrachera son señales de rebelión (Deuteronomio 21:20). La rebelión es como el pecado de hechicería (1 Samuel 15:23). Dios afligió a Israel en el desierto al alimentarlos solamente con maná (Deuteronomio 8:3). Israel se entregó a un deseo desordenado por carne en el desierto. Esta fue una manifestación de rebelión (Salmos 106:14-15).

Ayunar hará que el gozo y la presencia del Señor vuelvan a su familia (Marcos 2:20).

La presencia del novio causa gozo. Las bodas se llenaban de gozo y celebración. Cuando un creyente pierde el gozo y la presencia del Señor, él o ella necesita ayunar. Ayunar hace que el gozo y la presencia del Señor regresen. Ningún creyente puede vivir una vida victoriosa sin la presencia del novio. El gozo del Señor es nuestra fuerza (Nehemías 8:10).

Ayunar soltará el poder del Espíritu Santo para que suceda lo milagroso en su familia (Lucas 4:14, 18).

Ayunar incrementa la unción y el poder del Espíritu Santo en la vida de un creyente. Jesús ministró en poder después de ayunar. Sanó a los enfermos y echó fuera demonios. Se espera que todos los creyentes realicen las mismas obras (Juan 14:12). Ayunar nos ayuda a ministrar sanidad y liberación a nuestras familias y a otros alrededor de nosotros. Ayunar nos ayuda a caminar en el poder de Dios. Ayunar libera la unción para que sucedan milagros en su vidas y en la vida de sus familiares.

Declare los beneficios de
ayunar sobre su familia

Señor, yo creo en el poder del ayuno que tú escogiste (Isaías 58).

Señor, que mi ayuno destruya los yugos que el enemigo ha establecido en mi familia.

Que tu luz venga a mi familia a través del ayuno que has escogido.

Que tu salud y sanidad sean soltadas en mi familia a través del ayuno que has escogido.

Que tú seas la recompensa de mi familia a través del ayuno que has escogido.

Que vea victorias de salvación y liberación en mi familia a través del ayuno que has escogido.

Que sean soltados milagros a favor de mis seres queridos a través del ayuno que has escogido.

Que tu poder y autoridad sea soltado a favor de mi familia a través del ayuno que has escogido.

Aflijo mi alma a través del ayuno, que tu favor me exalte.

Expulso de mi familia todo demonio que hasta ahora se había resistido a través del ayuno que has escogido.

Que tu bendición de pacto y misericordia sean soltadas sobre mis seres queridos a través del ayuno que has escogido.

Nada es imposible contigo, Señor, que mis imposibilidades se vuelvan posibilidades a través del ayuno que has escogido.

Que cada enviación del infierno contra mi familia sea rota a través del ayuno que has escogido.

Que todo orgullo, rebelión y brujería operando en mi familia sea destruida a través del ayuno que has escogido.

Que tu unción incremente en mi vida a través del ayuno que has escogido.

Que mi familia disfrute restauración a través del ayuno que has escogido.

Que toda carnalidad sea reprendida de mi familia a través del ayuno que has escogido.

Que todos los hábitos y la iniquidad de mi familia sean rotos y vencidos a través del ayuno que has escogido.

Que mis oraciones por mis seres queridos sean respondidas rápidamente a través del ayuno que has escogido.

Guíame y a mis familiares a través del ayuno que has escogido.

Manifiesta tu gloria a mi familia a través del ayuno que has escogido.

Que las fortalezas de impureza sexual y lujuria sean rotas en mi familia a través del ayuno que has escogido.

Que la enfermedad y la debilidad sean destruidas en mi familia, y que venga la sanidad a través del ayuno que has escogido.

Que la pobreza y la carencia sean destruidas en mi familia a través del ayuno que has escogido.

Remueve toda opresión y tormento del enemigo en mi familia a través del ayuno que has escogido.

Mi familia ayunó y le pidió a nuestro Dios sobre esto, y él nos fue propicio (Esdras 8:23).

Así que después de pasar más tiempo en ayuno y oración, les impondremos las manos a los de nuestra familia y los enviaremos (Hechos 13:3, ntv).

Mi familia ayunará sin contiendas ni debates ni se herirán con el puño inicuamente; para que vuestra voz sea oída en lo alto (Isaías 58:4).

Cuando ayunemos ungiremos nuestra cabeza y lavaremos nuestro rostro, no seremos austeros, como los hipócritas; porque ellos demudan sus rostros (Mateo 6:16-17).

Mi familia aflige su alma con ayuno (Salmos 35:13).

Por eso pues, ahora mi familia se convertirá al Señor con todo su corazón, con ayuno y lloro y lamento (Joel 2:12).

Mi familia proclamará ayuno, convocará asamblea (Joel 2:15).

Pero este "género" que enfrenta mi familia saldrá de en medio de nosotros con oración y ayuno (Mateo 17:21).

Hemos constituido ancianos en nuestra familia, y habiendo orado con ayunos, los hemos encomendado al Señor (Hechos 14:23).

Mi familia no oprimirá a nuestros trabajadores de modo que el día que ayunemos el Señor se dé por entendido (Isaías 58:3).

Mi familia ayunará conforme al ayuno escogido por el Señor (Isaías 58:5).

Mi familia ayunará para el Señor (Zacarías 7:5).

Reuniré a mi familia y ayunaremos, y entonces entraremos a ver al Rey (Ester 4:16).

Mi familia rogará a Dios por nuestros niños; y ayunará, y entrará, y pasará la noche acostada en tierra (2 Samuel 12:16).

Mi familia ayunará y llorará por nuestros niños (2 Samuel 12:21).

Mi familia publicará ayuno para afligirnos delante de nuestro Dios, para solicitar de Él camino derecho para nosotros, y para nuestros niños, y para todos nuestros bienes (Esdras 8:21).

Mi familia se levantará de su aflicción, y se postrará de rodillas, y extenderá sus manos al Señor nuestro Dios (Esdras 9:5).

Mi familia ayunará y orará delante del Dios de los cielos (Nehemías 1:4).

Mi familia se reunirá en ayuno, y con cilicio y tierra sobre sí (Nehemías 9:1).

Mi familia ayuna para desatar las ligaduras de impiedad, soltar las cargas de opresión, y dejar ir libres a los quebrantados, y romper todo yugo (Isaías 58:6).

Mi familia pasará la noche en ayuno (Daniel 6:18, NBLH).

Mi familia volverá su rostro a Dios el Señor, buscándole en oración y ruego, en ayuno, cilicio y ceniza (Daniel 9:3).

Mi familia le cree a Dios, y proclamaremos ayuno, desde el mayor hasta el menor de nosotros [...] Y verá Dios lo que hagamos; y se arrepentirá del mal que había dicho que les haría, y no lo hizo (Jonás 3:5, 10).

Mi familia ayuna en secreto; y nuestro Padre que ve en lo secreto nos recompensará en público (Mateo 6:18).

Mi familia no se apartará del templo, sirviendo de noche y de día con ayunos y oraciones (Lucas 2:37).

NOTAS

Capítulo uno
Dios bendice a las familias a través de su pacto

1. J. E. Leonard, *I Will Be Their God* [Yo seré su Dios] (Hamilton, IL: Laudement Press, 2012).

2. Preceptaustin.org, "Covenant Definition" [Definición de pacto], http://preceptaustin.org/covenant_definition.htm (consultado el 27 de febrero de 2013).

3. James W. Goll, *Deliverance From Darkness* [Liberación de las tinieblas] (Grand Rapids, MI: Chosen, 2010), 168–169.

4. Ibíd., 168.

5. Encountersnetwork.com, "Generational Blessings" [Bendiciones generacionales] http://www.encountersnetwork.com/email_blasts/June_2005_EN_GB.html (consultado el 27 de febrero de 2013).

6. Ibíd.

Capítulo dos
Dios visita familias

1. Blue Letter Bible, "Búsqueda en el diccionario y buscador de palabras para *episkeptomai* (Strong's 1980)", http://www.blueletterbible.org/lang/lexicon/lexicon.cfm?Strongs=G1980&t=KJV (consultado el 27 de febrero de 2013).

2. Dictionary.com, s.v."visit," http://dictionary.reference.com/browse/visits (consultado el 27 de febrero de 2013).

3. J. I. Packer, *Your Father Loves You* [Tu Padre te ama] (N.P. : Harold Shaw Publishers, 1986).

Capítulo tres
Un cordero por casa

1. Traditional-American-Values.com, "About Family: the Family in America Today" [Acerca de la familia: La familia en Estados Unidos hoy] http://traditional-american-values.com/family-values/ (consultado el 28 de febrero de 2013).

Capítulo cuatro
Liberación y sanidad para las familias

1. "God, Save My Family" [Dios, salva a mi familia] Sonlight Ministries Devotional, http://sonlightdevotional.org/library/stories/redemptive -power/god-save-my-family/ (consultado el 15 de enero de 2013). Permiso solicitado.
2. Porciones de este capítulo fueron adaptadas de John Eckhardt, *Oraciones que traen sanidad* (Lake Mary, FL: Casa Creación, 2010).

Capítulo cinco
La misericordia divina de pacto

1. Blue Letter Bible, "Búsqueda en el diccionario y buscador de palabras para *checed* (Strong's 2617)", http://www.blueletterbible.org/lang/ lexicon/lexicon.cfm?strongs=H2617 (consultado el 1 de marzo de 2013).
2. Blue Letter Bible, "Búsqueda en el diccionario y buscador de palabras para *racham* (Strong's 7355)", http://www.blueletterbible.org/lang/ lexicon/lexicon.cfm?strongs=H7355 (consultado el 1 de marzo de 2013).

Capítulo seis
Familias proféticas

1. Online Etymology Dictionary [Diccionario etimológico en línea], s.v. "destiny", http://www.etymonline.com/index.php?allowed_in_frame=0 &search=destiny&searchmode=none (consultado el 1 de marzo de 2013).
2. Online Etymology Dictionary [Diccionario etimológico en línea], s.v. "fate", http://www.etymonline.com/index.php?term=fate (consultado el 1 de marzo de 2013).

Capítulo siete
La revelación de Josué 1:8

1. Peter Tan, *Meditation on God's Word* [La meditación en la Palabra de Dios] (Belconnen, Australia: Peter Tan Evangelism, 2008), 4, http:// spiritword.net/ebooks/Foundational_Truth01.pdf (consultado el 1 de marzo de 2013).
2. Dennis Burke, *Cómo meditar en la Palabra de Dios* (Arlington, TX: Dennis Burke Publications, 2001).
3. Ibíd.

4. Ibíd. Permiso solicitado.

5. Olive Tree Learning Center, "Meditating on God's Word" [Medite en la Palabra de Dios] http://www.olivetree.com/learn/articles/meditating -on-gods-word.php (consultado el 4 de marzo de 2013).

6. Greenvistafarm.com, "Animal Benefits: Animal Benefits of a 100% Forage Diet" [Beneficios animales: Los animales se benefician de una dieta de 100% de forraje] http://www.greenvistafarm.com/animal.html (consultado el 4 de marzo de 2013).

7. Tom Smith, "Discovering the Lost Art of Musing on the Word of God" [Descubra el arte perdido de meditar en la Palabra de Dios] Holdingto truth.com, http://holdingtotruth.com/2012/05/07/discovering-the-lost -art-of-musing-on-the-word-of-god/ (consultado el 4 de marzo de 2013).

8. Blue Letter Bible, "Búsqueda en el diccionario y buscador de palabras para *sakal* (Strong's 7919)", http://www.blueletterbible.org/lang/lexicon/ lexicon.cfm?Strongs=H7919&t=KJV (consultado el 4 de marzo de 2013).

EQUÍPATE CON EL
ARMA MÁS PODEROSA

CARACTERÍSTICAS Y BENEFICIOS

- Versión Reina-Valera 1960 (la versión de la Biblia más leída en español).

- Incluye materiales adicionales de estudio, escritos por más de veinte líderes y autores cristianos de renombre.

- Provee información práctica para prepararte y equiparte en la guerra espiritual.

- Contiene herramientas de entrenamiento para la guerra espiritual, tanto para el estudio individual así como para grupos pequeños.

- Incluye referencias y mapas a color.

La *Biblia para la guerra espiritual*, te ayudará a prepararte y equiparte como un guerrero espiritual